JMP選書

介護恋愛論
──愛する心を持ち、愛する技術を磨く

小櫻 義明
静岡大学名誉教授

日本医療企画

まえがき

「恋愛」から学んだ「介護」の「心」と「力」

　「介護」とは、自立した生活が困難な人に、手を差し伸べて「助ける」ことです。「助ける」とは、相手の立場に立って、何を必要としているのか、何を求めているのかを考え、相手のために自分ができることを行うことです。そして自分が行ったことが、本当に相手に役立ったのか、それを確認することも必要です。自分で「助けた」と思っていても、そうでない場合もあるからです。

　「助ける」とは、自分のためではありません。むしろ自分が我慢する・自分を犠牲にすることも必要です。ですが相手が喜んでくれれば、相手が幸せになってくれれば、自分もうれしくなります。自分も幸せな気持ちになれます。自分のような人間でも、人のためにできることがあるのだと、自信がもてるようになります。それが、これから自分が生きていく意欲・力になります。それが「介護」に対する最大の「報酬」となります。

　今から53年前の出来事です。1964年1月11日午前10時40分に、私は初めて彼女と出会い、瞬間で恋に陥りました。しばらく時間をおいて、彼女に気持ちを告白しましたが、直ちに断られました。しかし私はあきらめ切れないで、彼女に「必要とされる」存在になろうと決心しました。教育学部の学生で教師志望であった彼女のために、自分で本を買い集め、それを読み、彼女に情報として提供していました。

その時の私は、「愛する」とは相手に「つくす」ことであり、「恋する」とは相手に「求める」ものと思っていました。「愛」とは「つくしあいの関係」であり、「恋」とは「むさぼりあいの関係」である。自分は、彼女に恋して「愛されたい」と願っているが、それだけでは彼女を「愛する」とは言えない。彼女に「愛する＝つくす」ことで、彼女に「愛される」ようになるべきだと考えたのです。

　しかし自分の恋心を封印して、彼女に「つくす」だけの行為は苦痛が伴うものです。「愛する」とは、相手を幸せにするために、自分を犠牲にすることもいとわない、「献身」が求められるからです。「恋する＝求める」だけなら、どんな弱い人間でもできる。しかし「愛する」ためには、強い人間にならなければならない。「愛する」ことができない人間は、相手を幸せにすることができない。そのような人間は、「愛される」資格がないと信じていました。

　「無償の愛」を降り注ぎ続けることができるのは、神様だけです。人間は「愛する」だけでは生きていけません。私は、「愛する」だけの苦痛に耐えきれなくなり、彼女をあきらめようと決意しました。でも、その時、彼女から「好きになった」と告白してもらえたのです。それから二人は付き合いを始め、結婚して現在に至っていますが、私は、彼女を「愛する」ことによって強くなれたと思っています。

　「愛する」だけであれば、強くなれなかったとも思っています。「愛する」ことによって、「愛される」ようになり、「愛しあう」関係が築けたから「愛し続ける」ことができたのです。さらに38年前、妻がくも膜下出血によって障害者となり、「介護」が必要となったことが、「愛しあう」関係の維持・持続・強化に

役立ったと思っています。もし妻が元気なままでいたら、二人は離婚していたかもしれません。

　「恋愛」の中で培ったことが、「介護」の中でよみがえり、「介護」の「心（こころ）」と「力（ちから）」になったのです。私にとって妻を「介護する」ことは、妻に「必要とされる」存在になったことが実感できることであり、喜びでもありました。妻にとっても、自分のことを最も理解し大切に思ってくれる私に介護されることは、幸せだと思っているはずです。それは、私に向けられた妻の笑顔でわかります。

　寝たきり・認知症になっても妻は、絶えず私のことを気にかけて、私の負担を減らそうとしてくれます。それは、妻から「愛されている」ことを実感できることであり、それが私の妻への「介護」の活力源になっています。学生時代における恋愛から得たものが、今の妻への「介護」の力になっているのです。妻の「介護」によって、私は恋愛時代の自分の「心」を思い出し、それが今の「介護」の「心」になっているのです。

　恋愛の中で得た「愛する心」と「愛する技術」「愛しあう関係」が、今、「介護」の中でよみがえっているのです。妻は、その後、四度のくも膜下出血を繰り返し、現在は寝たきり・認知症となり、特別養護老人ホームに入所しています。私は毎日、妻のもとを訪れ、妻との時間を大切にしています。私は、妻が特別養護老人ホームに入所したから「介護」が終わったとは考えていません。むしろ介護作業の負担が減ることで、私だけができる本当の「介護」が始まったと思っています。

　妻が介護サービスを利用するようになって、さらに特別養護老人ホームに入所することで、「介護」を「仕事」とする多く

の人との出会いがありました。「介護」の技術で優れている人も劣っている人もいて、様々です。介護施設や事業所によって異なる場合もありますが、介護職の個人的な資質による違いも感じました。その中で感じたことは、「介護」の技術において、確実に私より優れていることです。

介護職の人たちは、妻とまったく初対面であるにもかかわらず、優しい笑顔で接してくれます。日常生活の延長線上で「介護する」家族とは違い、彼らは「仕事」として「介護する」プロフェッショナルです。仕事は忙しく給与は安いにもかかわらず、一生懸命に働いています。もちろん介護職といっても、多様です。介護技術で優れている人も、そうでもない人もいます。入居者への接し方も多様です。パソコンの画面ばかり見ている人もいます。

でも「介護」という仕事に誇りを持ち、「介護される人」に「愛情」を注いでいることは確かです。夫婦や家族とは違う「愛」が、そこに生まれています。仕事であっても、生活の一部であっても、「愛」がなければ「よい介護」はできません。「介護」とは、「介護される人」を「幸せにする」ことであり、介護職は人を「幸せにする」達人になるはずです。「愛する心」を持ち、「愛する技術」を磨き、「愛しあう関係」をつくるのが、「よい介護」です。

ところが、この点について、多くの人が気づいていません。「介護する」人自身が、それを忘れているのです。それを認識できないほど、「介護」の負担が重く大きくのしかかっているようです。「介護」は、「介護」の負担が重くなるほど「よい介護」ができなくなる。「介護」は、やり方によって「楽しく」「生きがい」になる。「介護」によって、人と人の「絆」は深く強く

なる。そのことを私は実感しており、それを伝えるために、本書を書きました。

　ここで私の自己紹介を簡単にしておきます。大学教員としての私の専門は、経済学の領域の地域政策論です。しかし私は、学生の中に飛び込み、地域の中に入って、研究・調査することを心がけてきました。学生の中に入ることによって、多くの恋愛相談を受け、それを恋愛論・若者論として、授業の中で披露してきました。それはやがて女性論へとつながり、現在は高齢者論に発展を遂げています。

　私の専門分野である地域政策論では、静岡大学に就職した時から、静岡県という地域を学際的・総合的に研究対象とすることを目指し、静岡県内を歩き回りました。また地域づくりや自治体の政策立案に協力するとともに、自ら静岡市の山間地の限界集落に移り住み、集落全世帯の参加で「縁側お茶カフェ」の開催などの「むらおこし」の実践も行っています。大学を退職した後、「介護」をしながら民生委員としての活動を10年続けています。

　地域に役立つものであれば、学問分野に関係なく学び吸収してきました。アカデミズムには背を向けてきた変わり者ですが、アカデミズムの研究成果を無視したわけではありません。むしろアカデミズムの中で出された研究成果を、現実・実態の中で検証し、活かしてきたつもりです。その中で私が大切にしてきたことは、「知」だけでなく「情」も重視することです。

　自分の感性で「面白い」「役立つ」「気に入った」ということを拾い上げ、それを冷静に客観的に考察・分析するという方法です。「感性を磨き、感性におぼれ、感性に傷つき、感性に麻

痺する、僕の論理」これが、私の心の中で浮かんできた言葉です。「感性」と「知性」そして「行動（実践）」の統一が、私のスローガンです。「愛」にこだわるのも、私が「感性」を重視しているからです。それを「知性」で分析する、そして「行動」につなげ、さらに新たな「感性」と「知性」を呼び起こし、それを新たな「行動」に活かすのです。

　本書も、私の「感性」と「知性」、「行動（実践）」の中で生み出されたものです。「知性」とは、大脳皮質、特に前頭前野の活動からもたらされるものですが、「感性」は大脳辺縁系、特に扁桃体に関わるものであり、それらはいずれも「行動（実践）」とつながり、そこから新たな刺激を得て、変化・発展していきます。最近の脳科学の研究によれば、大脳皮質・前頭前野が行う機能はコンピューターにやらせることはできるが、価値判断を行う大脳辺縁系はコンピューターに置き換えることはできないそうです。

　また認知症の患者の場合、記憶を担う海馬や大脳皮質・前頭前野が機能低下しても、大脳辺縁系は機能が維持されており、そこに働きかける「介護」が重要視されています。学問の分野では、これまで価値評価を行うことを意識的に避けており、人間の「感情」を分析対象としていません。もっぱら「知性」だけに依存した研究が主流でしたが、それが学問を無味乾燥なものとし、社会や人間が抱える問題の解決に貢献する研究を妨げてきたのではないでしょうか。

　今、求められているのは、「感性」や「行動（実践）」と結合した「知性」の働きであり、「介護」の研究には、特にそれが求められていると思います。本書も、私の「介護」体験に基づく点で「行動（実践）」や「感性」に依拠しており、他方で介

護や福祉の研究・調査の成果を踏まえた点で「知性」も駆使しています。それが、「介護」の専門家・介護職の人にどのように評価されるかはわかりませんが、異質の分野からの問題提起の一つとして受け止めていただければ幸せです。

小櫻　義明

もくじ

まえがき 「恋愛」から学んだ「介護」の「心」と「力」 —— 3

第1章 地域社会における「介護ニーズ」と「介護文化創造戦略」 —— 13

第2章 「介護」の全体像とイメージアップ戦略 —— 25

第3章 高齢期の「生き方」と「介護準備」 —— 39

第4章 「健康」の概念と「介護予防」活動の問題点 —— 53

第5章 「仕事介護」と「家族介護」の連携と役割分担 —— 65

第6章 「身体介護」偏重からの脱皮、「心の介護」重視へ —— 77

第7章 「愛情」と「心の介護」 —— 89

第8章 「地域包括ケアシステム」と
　　　 世代間の連携・交流 ──── 103

第9章 「介護」とは
　　　 ──愛する心を持ち、愛する技術を磨き、
　　　 愛しあう関係をつくること ──── 115

あとがき ──── 127

第 1 章

地域社会における「介護ニーズ」と「介護文化創造戦略」

地域社会における「介護文化」は、「介護する人」と「介護される人」、それを遠くまたは近くで見ている「その他の地域住民」の意識と行動、相互関係の中で形成されます。「介護」は、「介護する人」と「介護される人」の間でなされますが、その「介護実態」とそれに対する社会的評価が「介護文化」の中心に位置します。さらに、その「介護」を周辺から見守る住民の意識と行動も「介護文化」の中に含まれます。

　なお日本語の「文化」という言葉には「進歩・発達」という価値評価の意味もあり、「介護文化」には「介護実態」の「進歩・発達」も含むと理解すべきです。つまり社会の中で「介護」が始まり、「進歩・発達」してきた過程も踏まえて「介護文化」は考察されるべきです。「介護文化」にも「古い」と「新しい」があり、「新しい介護文化」という時、「古い介護文化」と比較して、どこが進歩・発達しているかが明らかにされねばなりません。

　図1は、地域社会における「介護する人」の類型を整理したものです。まず「介護する人」は、「仕事として介護する人（仕事介護）」と「生活の一部として介護する人（生活介護）」に分かれます。「仕事介護」は、さらに介護が行われる場所によって「施設介護」と「訪問介護」に分けられます。つまり病院や介護施設で行われるのが「施設介護」であり、自宅に訪問して行われるのが「訪問介護」となります。

　「仕事介護」と「生活介護」は、介護が行われる時間の違いによって分けられます。つまり「仕事（労働）時間」に行われるのが「仕事介護」であり、「生活介護」は「仕事時間」の終了後の「生活時間」に「介護」が行われます。もう一つの違いとして指摘されるのは、「仕事介護」には金銭的な報酬があり

ますが、「生活介護」にはないことです。また「生活介護」の中心は、家族によって行われる「家族介護」ですが、地域住民による「生活支援」も「生活介護」に含まれます。

「在宅介護」とは、自宅で行われる介護であり、「家族介護」と住民による「生活支援」、さらに「訪問介護」も加わります。「地域介護」とは、狭義の意味では「在宅介護」と重なりますが、広義の意味として「施設介護」も含む場合もあります。これは一部の先進的な「介護施設」で地域社会にむけて門戸を開き、積極的に交流する取り組みが行われているためですが、「介護施設」は地域社会につくられており、地域社会の一員と考えれば、地域との交流がなされていない「施設」も含めて、「地域介護」と総称することも可能です。

地域社会における「介護文化」は、地域社会の構成員からの「介護ニーズ」とそれに対する対応の中で「創造・発展」していきます。**図2**は、地域社会の構成員を「介護する人」と「介護される人」、「その他の人」に分けて、それぞれの「介護ニー

図1 地域社会における「介護する人」の類型

			介護の性格	介護する場所	
				病院・介護施設等	自宅・地域社会
介護する人	介護従事者	労働者	仕事介護	施設介護	
					在宅介護 / 訪問介護
	生活者	家族	生活介護		在宅介護 / 家族介護
		住民			生活支援
				地域介護	

ズ」の充足から「新たな介護文化の創造戦略」を考えたものです。ここでは「介護する人」のニーズが「介護者ニーズ」、「介護される人」のニーズが「要介護者ニーズ」となりますが、「その他の住民」のニーズは「介護準備ニーズ」と名付けています。

「その他の住民」のニーズを「介護準備」としたのは、彼らの多くが、将来、家族の誰かを介護せざるを得なくなるからであり、最後は誰かに介護されることで人生を閉じることになるからです。現在、「介護」は他人事であっても、将来、必ず「自分事」になるのであり、それに備えた準備・覚悟が求められます。ただ「介護準備ニーズ」は、「介護者ニーズ」「要介護者ニーズ」と比較すると、顕在化しておらず、その「掘り起こし」が必要です。特に、これからの「介護文化」の創造を考えた時、「介護準備ニーズ」とその充足が大きなカギを握っていると思われます。

図2 地域社会における「介護」ニーズ充足と新たな「介護文化」の創造

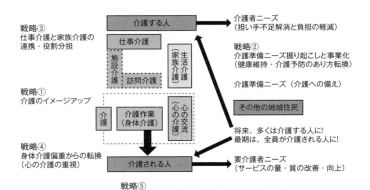

地域社会における「介護」問題とは、「介護」への「需要」が激増しているにもかかわらず、「供給」が追い付いていけない点にあります。「介護」の「需要」増加は、介護が必要な「高齢者の数の増加」と「介護期間の長期化」によって生じており、「供給」の不足は家族の「介護力」の低下と介護業界の「人材不足」のためです。地域社会における「介護」の需給のアンバランスが、大きな社会問題となっているのです。

　この問題の解決のためには、「需要」を抑制し、「供給」を増やすことが必要であり、「介護」の「需要」削減として「介護予防」、「供給」増加として「介護業界の人材確保」の取り組みが強化されています。しかし、それは遅々として進んでいません。大きな成果が上がらないまま、問題は深刻化しています。その原因を突き詰めて考えていくと、「介護」のイメージが非常に「悪い」ことに行きつきます。

　「介護」のイメージが悪いのは、一方で「家族介護」における虐待や殺人などが事件として多く報道され、他方で「仕事介護」が「臭い・汚い・きつい」の３Ｋに加えて「給料が安い」が加わり、慢性的な人手不足に陥っていると話題になっているからです。確かに「介護」の現場に、そのような現実があることは事実ですが、それは「介護」の一部分にすぎません。報道されている多くは、「介護」の「影」の部分であり、優れた介護の実践事例も「介護」の「光」の部分として取り上げられるべきです。

　「介護」の「影」とは「悪い介護」であり、「光」とは「よい介護」です。「介護」をめぐる虐待や殺人などの事件の報道によって、多くの人は「悪い介護」のイメージはすぐに浮かんできます。しかし「よい介護」については、なかなかイメージと

して浮かんできません。それは、「よい介護」についての報道が少ないためです。「介護」の現場では、優れた介護の実践が多く生み出されているにもかかわらず、それが十分に伝えられていない、知らされていないのです。

　「介護」は、通常、まず家族によって始められます。「介護」とは、最も身近な問題であり、容易にイメージできる生活の問題です。そこで「よい介護」が行われていれば、「よい介護」のイメージも容易に浮かぶはずです。その延長線上に「仕事介護」の「よい」「悪い」もイメージできるはずです。それができないのは、「介護」を「よくないこと」「不幸なこと」と思い込み、「介護」の現実を素直に見つめ、受け入れ、日々の実践の中でよくしていこうと思っていないからです。

　まず問題なのが、地域住民の多くがいまだに「介護」を「他人事」と捉え「関係ない」と考えていることです。さらに「介護」が現実問題となり「自分事」になっても、そこから「逃げよう」あるいは「関わりたくない」という態度を、多くの人がとります。最後に自分が「介護される人」になると、「自分は駄目だ」と落ち込み、そこから頑張ろう、生きていこうと努力しなくなります。つまり「無視」「忌避」「嫌悪」が、一般の人たちの「介護」に対する感情・意識・行動であり、それは今日の「介護文化」の水準を示すものです。

　それを変えていくためには、まず将来、誰もが「介護する・介護される」ことになることを自覚し、「介護」への「準備・備え」を行うことが絶対に必要です。ところが現在、「介護」への対応として「予防」の活動は盛んに行われていますが、そこでは「介護」に対する不安や恐れを助長させることで、「介護予防」に取り組ませる傾向があります。つまり「介護」への

「備え・準備」にはなっていないのです。「介護」を体験・経験することなく、元気なまま死んでいくのが理想とされ、それが「介護予防」の目標とされています。

「介護予防」と「介護準備」は異なります。「介護」を経験することなく「死ぬ」人も少数いますが、例外的なことです。誰もが「老化」によって心身の機能・病気への抵抗力が低下し、「介護」が必要な事態になります。そうなっても「元気でありたい」「健康でいたい」と願うのが人間であり、それに取り組むのが「介護」です。そのための「備え・準備」は、「介護される」以前から取り組まれねばなりません。

前述のように「介護する人」の違いによって「仕事介護」と「生活介護（家族介護）」に分かれますが、両者の連携・役割分担は十分にできていません。一般に「介護」が必要となる事態が生じると、最初に対応するのが家族であり、家族だけで対応できなくなると、「介護を仕事とする人」に委ねるべきと思われています。つまり、「仕事介護」か「生活介護（家族介護）」かという二者択一の選択が迫られます。

「介護を仕事とする人」が家族の代わりに「介護」を行うことは、家族の負担を軽減するうえで必要不可欠なことです。しかし、それが家族から「介護」を奪い、家族の「介護力の低下」を促進するのであれば問題です。「家族」とは、「生命の生産と再生産」という役割を担う「生活」の基本組織です。家族にとって「介護」とは、食事や睡眠・休養、育児と同じように生活の一部です。「介護」を担えないようであれば、家族としての存在意義がなくなってしまいます。

「介護」において、家族でしか担えない役割・責任があるはずです。「仕事介護」で「介護」のすべてを担うことはできま

せん。大切なことは、家族が行う「介護」の中に「介護サービス＝仕事介護」の利用も含まれていることです。それは、「食材を買ってくる・外で食事をする」ことと同じであり、「仕事介護」と「家族介護」は二者択一の選択であってはなりません。両者の連携・役割分担こそ必要なのです。

現在、多くの人たちは「介護」を「食事や排せつ・移動・入浴等の介助である身体介護・介護作業」として捉えています。多くの介護施設・「仕事介護」の現場においても、「身体介護・介護作業」だけに追われる実態があります。しかし「介護」をめぐる長い歴史の進化・発展の中で、「介護」のあり方も大きく変わってきています。「介護文化」は、確実に進歩・発達・向上しているのです。

家事の延長線上から始まった「介護」は、単なる「身の回りの世話」というレベルから脱却し、次第に専門性・技術を高める中で進歩・発達しています。最近では「介護する人」と「介護される人」との「心の交流」「相互の信頼関係の構築」を最終目的に掲げるようになっており、「心の介護」によって「介護される人」の「生きる意欲」と「生き抜く力」を「引き出す」ことが目指されるようになっています。

認知症患者の「介護」においても、「心に訴え・心に寄り添う介護」によって、周辺症状が改善し、「穏やかな老後」を迎えられることが実証されつつあります。このような「心の交流」に重点を置く「介護」は、まだ一部にとどまっていますが、それが広がっていけば、「介護のイメージ」を大きく変えると同時に、「介護」による人間関係の修復、「愛情」を媒介とした「絆」の強化をアピールすることで、家族・地域の再生につながります。

現在、日本では「地域包括ケアシステムの構築」が進められようとしています。「地域包括ケアシステム」とは、住み慣れた自宅で最期まで暮らせるように、医療と看護、介護の専門職が連携してサービスを提供すると同時に、地域で住民相互が互いに助けあう関係を築き、「要介護者」とその家族の生活をサポートするというものです。専門職間の連携を「包括ケア」、住民相互の助けあいを「地域ケア」と呼び、それらを一体となって推進しようとしています。

　これは「介護の場所」を「病院や介護施設」から「自宅・地域」に移すことであり、そうなると家族や近隣住民の役割が非常に大きくなります。「家族介護」と「仕事介護」の二者択一を迫っていた状況が根本的に変わっていきます。「仕事介護」の分野では、家族や地域に出かけていく「訪問介護」の比重が高まり、そこでは「家族介護」との連携・役割分担が重要になります。

　ところが、現状では「仕事介護」の取り組みが先行し、家族・地域レベルでの対応の遅れが顕著となっています。家族・地域の視点から見ると、「仕事介護」は「介護問題」が生じた時の「外部からの介入による対応」となります。しかし家族・地域による対応は、それまでの家族・地域での人間関係の積み上げによって行われます。つまり「介護問題」が生じる以前からの家族・地域での人間関係・社会関係のあり様が、「生活介護」では大切なのです。

　家族・地域では、異なる世代が時間的・空間的につながって生活しています。子どもや若者にとって高齢者は、「未来の自分の姿」です。高齢者を見つめ、高齢者が直面する「介護」を考えることは、自分の未来・将来を考えることになります。ま

た高齢者にとって子どもや若者とつながることは、彼らに「何を残し」「何を伝える」かを考える機会になります。「介護」は、高齢者だけの問題ではなく、未来の高齢者である子どもや若者の問題でもあり、異なる世代の連携・協力で解決すべき問題となります。

　今、高齢者が直面しているのは「古い介護文化」の問題です。それを乗り越えてつくられる「新しい介護文化」は、未来の高齢者である子どもや若者のものとなります。**図３**は、「古い介護文化」と「新しい介護文化」を比較したものですが、これらは「新しい介護文化の創造」のための五つの戦略としてまとめられています。この戦略は、短期的な課題でもありますが、その実現は中長期的な課題でもあります。

　それは、「経済」と「政治」のシステムが巨大化しているにもかかわらず、生命の生産と再生産を担う「生活」が弱体化している現代社会を、根本から変えていくことと連動することになります。「介護」によって、「愛情」を媒介とする人間関係・社会関係を構築・強化しようとするものであり、歴史的には、フランスにおける市民革命の理念として掲げられた「自由・平等・友愛」の中で「友愛」の理念を「新たな社会」の基軸に据えようとするものとなっています。

図3 「古い介護文化」と「新しい介護文化の創造と戦略」

古い介護文化	新しい介護文化の創造と戦略
誰でもできる単純作業としての「介護」のイメージ。 3Kの「仕事介護」、虐待・殺人に至る「家族介護」報道。 結果としての「介護」の否定的イメージの社会的浸透。	「介護」の専門性・知識労働の性格と優れた実践の紹介。 「介護」における心の交流・愛情労働の側面の重視強化。 →戦略①介護のイメージアップ。
「介護」に対する「無視・忌避・嫌悪」という住民意識。 「介護」への不安を助長させる「介護予防」の取組。 その結果として「介護」への準備・備えの決定的遅れ。	「介護」の当事者意識のための高齢期ライフプランの策定。 高齢者手帳の配布・学習活動の展開・ともだち福祉の推進。 →戦略②介護準備ニーズの掘り起こしと事業化。
「仕事介護」「家族介護」の分離による二者択一の選択。 「家族介護」の限界と「仕事介護」の専門性の強調。 結果として家族・地域での介護力の低下の促進。	家族・地域への「仕事介護」の高いスキルの伝達・普及。 要介護者の実態・ニーズに沿った両者の役割分担。 →戦略③仕事介護と家族介護の連携と役割分担。
介護作業に特化させた「介護」認識。心の交流の軽視。 「介護」現場での過重な身体介護の負担。理念と実態の遊離。 心の介護のスキル・ノウハウの蓄積教育の遅れ。	「仕事介護」の現場における心の介護への取組の強化。 「家族介護」での心の介護による絆の回復・家族の再生。 →戦略④身体介護偏重からの転換、心の介護の重視へ。
専門職による包括ケアと家族・住民の地域ケアの分離。 専門職による介入型対応としての包括ケアの先行→家族・住民の積み上げ型対応としての地域ケアの遅れ。	「介護」への包括ケアと地域ケアの対応の違いの認識。 住民間・世代間の連携・協力としての地域ケアの優先。 →戦略⑤地域包括ケアシステム構築と世代間の連携。

第 2 章

「介護」の全体像と
イメージアップ戦略

現在、「介護のイメージアップ」に最も熱心に取り組んでいるのが、「仕事介護」の分野の組織です。それは「介護」の人材確保のためですが、そこには「介護職の処遇の改善」という目的も含まれており、「介護」そのもののイメージアップと矛盾する側面も出てきます。つまり「処遇の改善」のためには「介護という仕事」の過酷さを訴える必要があり、それだけが強調されると「介護」そのもののイメージを悪化させる可能性があるからです。

　また「介護職のイメージアップ」のために、「介護という仕事」の社会的な必要性、さらに専門性が強調されていますが、それは生活の一部として行われている「介護」との距離を広げることになりかねません。スポーツの分野でも、多くの人が参加し・楽しみ・人気がある競技であれば、それを「仕事」とするプロフェッショナルの高度な技術が称賛され、社会的な評価も高まり、処遇の改善・向上につながります。「介護」も、それを身近なものとする努力と専門性を高める努力は並行して進められるべきです。

　実際、「仕事介護」と「生活介護」を切り離して、「仕事介護」だけの評価・処遇だけを問題としても、解決することは困難です。「介護」のイメージが悪いのは「仕事介護」「家族介護」に共通しており、「介護」そのものの「イメージアップ」を図り、そこから「介護職」のイメージアップ、処遇の改善につなげるべきです。そのためには、「介護」そのものの現実・全体像の認識が必要不可欠です。「介護」の悪いイメージも、「介護」の現実・実態の一部を反映したものであり、そこから目を背けていては、「介護」のよいイメージは生まれません。

　「介護」とは、「高齢者・病人などを介抱し世話すること」と

されていますが、**図4**のように三つの要素で構成されています。まず食事や排せつ・移動・入浴などの身体介護の作業です。食事や排せつ・移動・入浴などは、誰もが日常生活で行っていることなので、その介助は容易のように思われます。しかし自分がやれば容易であっても、それを容易に行えない他人をサポートするとなると大変な作業になります。

「介護される人」のことを考慮せず、「介護する人」の負担の軽減・効率だけを考えれば、作業は容易です。誰でもできる単純な「肉体労働」になります。しかし「介護される人」の快適な生活・満足感を実現することを追求すれば、高度な知識とスキルが求められます。料理でも、不味いものであれば誰でも簡単にできます。しかし美味しいものをつくろうとすれば、高度な技術が必要となります。「介護」でも、同じです。

「介護される人」を満足させようとすると、心身の状態を正

図4 「介護」の三層構造と社会的イメージ像

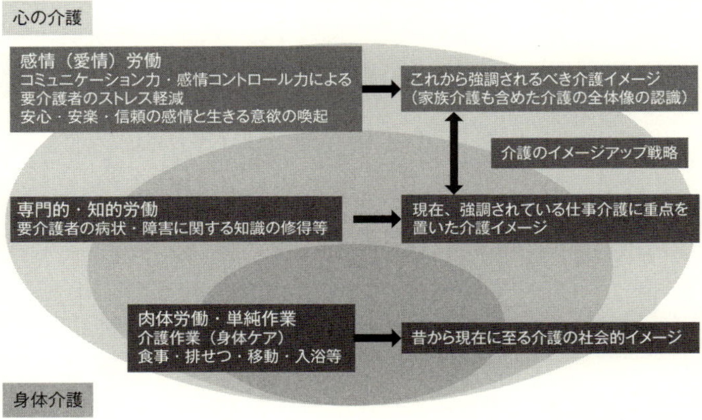

心の介護

- 感情（愛情）労働
  コミュニケーション力・感情コントロール力による
  要介護者のストレス軽減
  安心・安楽・信頼の感情と生きる意欲の喚起
  → これから強調されるべき介護イメージ
  （家族介護も含めた介護の全体像の認識）

  ↕ 介護のイメージアップ戦略

- 専門的・知的労働
  要介護者の病状・障害に関する知識の修得等
  → 現在、強調されている仕事介護に重点を置いた介護イメージ

- 肉体労働・単純作業
  介護作業（身体ケア）
  食事・排せつ・移動・入浴等
  → 昔から現在に至る介護の社会的イメージ

身体介護

確に把握・認識し、そのための効果的な介護方法を見つけねばなりません。「介護される人」の病状や容態・身体から精神に至るまでの状況の科学的な知識が必要であり、さらに、それを実践する優れた能力が求められます。「介護」は、誰でもできる「肉体労働」であり「単純作業」のように見えますが、「介護される人」に満足してもらおうとすれば、複雑で高度な専門的・知的労働となります。

「介護」が「誰でもできる単純労働」か、それとも「高度な知的・頭脳労働」かという論争・研究がありますが、それは「どのような介護を目指すか」によって違ってきます。家畜の世話をするような「介護」であれば「単純作業」となりますが、人間らしい生活を目指す「介護」を追求すると、「専門的・知的労働」になります。「介護」に対するイメージは、「介護」に何を求めているのか、何を基準に評価するかによって決まってくると思います。

昔から現在に至る「介護」の社会的イメージは、「肉体労働・単純作業」にとどまっています。しかし「介護」の現場では、「介護される人」の立場に立って、人間らしい生活ができるように努力しています。そのために高度で専門的・知的労働を目指しています。しかし多くの「介護現場」では、「介護者」の負担の重さ・人手不足や処遇の悪さが「介護」を肉体労働・単純作業のレベルに押しとどめ、そこから「虐待」や「殺人」などの事件が起きていることも事実です。「よい介護」と「悪い介護」が同時になされているのです。

「介護」は、「介護する人」と「介護される人」の直接的な接触の下で行われ、その中で様々な感情が、「介護する人」「介護される人」の双方で生まれてきます。「介護される人」が満足

すれば、「介護する人」に感謝し、双方の間に信頼感・愛情という感情が生まれてきます。しかし双方が不満であれば、対立・憎悪の感情が生じ、それが虐待につながります。ただし、「介護される人」が満足しても、「介護する人」が我慢している場合もあります。その逆に「介護される人」が我慢する場合もあります。

ここで問題になるのが、「介護」に対する評価です。**図5**は、「介護の三層構造」に「よい介護」「悪い介護」という「社会的な評価」を加えたものです。「介護する人」と「介護される人」の間に「介護作業」がなされます。それは「介護される人」の最低限の欲求としての「生存・安全の欲求充足」に対応するものです。それをよりよいものにしようとすると、「知識の修得・スキルの向上」が必要となります。「介護技術」のレベルが高い「熟達介護」と、それが低い「稚拙介護」に分かれていきま

図5 介護の三層構造と社会的評価

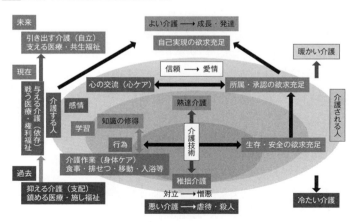

す。

　さらに「介護する人」と「介護される人」の「心の交流（心ケア）」が行われると、「介護される人」は「所属・承認の欲求充足」が感じられます。「介護する人」に「守られている」・「大切にされている」と感じると、「安心・安楽」の感情が生まれます。それが「愛情」という感情になり、「信頼」関係を築くことができます。そして「生きる意欲」が生まれ、「生き抜く力」が身につくと、成長・発達という「自己実現の欲求充足」につながります。それが「よい介護」として、図の最上位に位置づけられます。

　「介護する人」と「介護される人」との間の「感情」は、固定されるものではなく、揺れ動きます。「稚拙介護」では、「介護される人」に苦痛を与えることになります。「介護される人」は、「介護する人」に対して「不満」の「感情」を抱きます。「介護する人」も、「介護」による効果を感じられないために「不安」「不満」の「感情」を抱きます。すると両者の関係は「憎悪」の「感情」による「対立」関係となります。そこから「虐待」「殺人」という事件が起きる場合もあります。

　「介護される人」が満足していても、「介護する人」が我慢し、「不満」の感情をため込むと、それが爆発して、一挙に「憎悪」「対立」になる場合もあります。「介護する人」が「満足」していても、「介護される人」が我慢している場合もあり、それも爆発します。両者が満足する関係の構築は容易でありません。「よい介護」と「悪い介護」の間には大きな距離があり、その間を多くの「介護」がさまよっているのです。

　そもそも「介護する人」と「介護される人」の関係は、「対等平等」ではありません。基本的に「介護する人」は、「介護

される人」より優位な立場に立ちます。「介護される人」は「介護する人」に絶えず引け目を感じており、依存・従属せざるを得ません。両者の関係に変化を与えるのが、両者の社会環境です。病院や介護施設では、「介護する人」の優位が顕著になりがちです。「医療」・「看護」の延長として「介護」が位置づけられ、「介護される人」は「介護する人」の指示に従うことが求められます。

　自宅での「介護」の場合、それまでの家族の中での力関係が「介護」に投影されます。「介護される人」が大きな力を持っていれば、「介護する人」に命令し服従させる形で「介護」が行われる場合もあります。しかし、その関係は、閉鎖された空間の中で逆転する場合もあります。「家族介護」の場合、それが「よい介護」となるか、「悪い介護」となるかは、両者の力関係より、両者の間にある「愛情」という「感情」によって決まると言えます。

　留意せねばならないことは、今日の「介護」は「福祉」という枠組みの中で行われている点です。「仕事介護」の多くは、生活困窮者、病人や高齢者・障害者などの「社会的弱者」の「保護・救済」を目的とする「福祉」の中で生まれました。そこで「福祉」との関係で「介護」の歴史を振り返ってみると、最初は「専制国家」による「施し」としての「福祉」から、日常生活を営むことが困難な人を収容する「施設」が生まれています。

　そこでは、健常な人よりよい生活をすべきではないという「劣等処遇の原則」が適応され、最低水準の生活維持を目的とする「介護」が行われていました。そのイメージは、今日の高齢者の頭の中に残っており、「介護施設」に対する著しい嫌悪感を生み出しています。家族の中でも、そのような考えは残ってお

り、働けなくなって負担だけをかける「要介護者」に冷たい仕打ちをする場合もあります。家族だから「愛情」があるわけではありません。「愛情」があっても、「介護」の負担が重くなると、それが「憎悪」に変わることも多いのです。

専制国家による「施し」としての「福祉」は過去のものとなりました。現在は「国民主権」の民主国家であり、そこでは「福祉」は国民の「人間らしい最低限の生活を保障する権利」とされ、それを国家に要求できることになっています。その結果、「介護施設」においても「人間らしい生活を保障する」ことが義務づけられました。施設入居者への「介護」も、「介護される人」の人間らしい生活の実現、その満足感の向上が目標とされるようになります。

この「権利」としての「福祉」の考えでは、「介護」とは「介護される人」ができないことを補うことになります。「介護される人」の立場に立って、できるだけ要望に沿った「介護」を行うべきとされます。「施しとしての福祉」に対応した「介護」を「抑える介護」とすれば、「権利としての福祉」に対応した「介護」は「与える介護」と呼ぶことができます。それは「福祉国家」から国民に「与えられる」ものであり、国民はそれを「権利」として要求できるとされています。

現在は、この「与える介護」が主流となっています。しかし、社会環境は「福祉国家」が財政的に破たんし、これまでのような「権利」としての「福祉」を国家が保障できない事態が生じています。その中で提起されているのが「福祉国家」から「福祉社会」への「転換」であり、「介護」の分野での「引き出す介護」です。それは、「できないこと」を「補う」だけでは、「人間らしい生活とはならない」という反省・認識が生まれてきた

ものです。「補う」だけでは、「現状維持」に効果はあっても、「状態改善」につながらないからです。

　国民の「権利」として保障されるべき「人間らしい生活」とは、「自分でできることは、できるだけ自分がする」という「自立」した生活であり、「介護される人」は単なる「介護の対象」から脱却して、「介護」をサービスとして利用する「主体」にならねばならない。それを目指すのが「引き出す介護」ということになります。それは「権利」として国家に要求するだけの「福祉」からの転換であり、国民は、「福祉」を「権利」として要求するだけでなく、自らの「責任・義務」として「福祉」の提供者にもならなければなりません。

　「専制国家」の下での「施しとしての福祉」に対応した「抑える介護」では、「服従」が強制され、「福祉国家」の下での「権利としての福祉」に対応した「与える介護」では、「甘え」が許容されました。これに対して「福祉社会」における「共生としての福祉」に対応した「引き出す介護」では、「自立」が目標とされ、そこでは「介護する人」と「介護される人」は対等な立場で向かいあいます（**図6**）。

　このような「福祉」の考えの社会的な変化は、「家族介護」にも反映されています。世間体を気にして「要介護者」を家に閉じ込めておこうとする家族も一部残っていますが、多数の家族は「要介護者」の意向を全面的に受け入れて「介護」しようとしています。しかしそれは、「介護者」に過重な負担を負わせることになり、家族は「自滅・解体」することになります。「共生としての福祉」という新しい考えに基づく「家族介護」は、一部で取り組みが始まっているものの、広く普及するに至っていません。

「介護」に対する「悪いイメージ」は、「施しとしての福祉」という古い考えに基づく「抑える介護」の残存から生じている側面があります。同時に「権利としての福祉」が「福祉の対象者」の「甘え・依存」を生み出しているという一面的な認識からも、生まれています。それは「介護」だけでなく、「福祉」への否定的なイメージと重なります。問題は、そこに目指すべき目標としての「福祉社会」「共生としての福祉」という認識が欠けており、「引き出す介護」という言葉すら知られていない点です。

　その結果、「介護」の「影」の部分、「悪い介護の事例」のみが取り上げられ、「介護」の「光」の部分、「よい介護の事例」がかすんでしまっているのです。「介護のイメージアップ」は、「介護」の背景に存在する「福祉」と「社会」に対する考え方の転換なしに実現しません。現代は、「福祉のあり方」「社会のあり方」で大きな転換期に直面しており、それも視野に入れた「介護の全体像」を国民・地域住民に提示すべきです。

図6 「抑える介護」から「与える介護」、「引き出す介護」へ

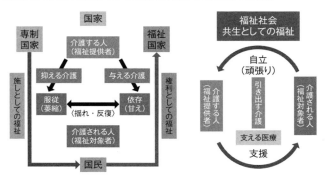

現在、多くの国民・住民は「ピンからキリまで」の幅広い「介護」の実態を知りません。「介護」についての認識は、「介護作業」にとどまっており、「専門的な知識や高度なスキル」と言われても具体的なイメージが持てないのが現実です。「心の介護・心の交流」も、認知症患者へのイメージから、その困難さだけが思い浮かぶようです。「愛情」があっても「信頼関係の構築」ができないのが「介護」の現実と思い込んで、「よい介護」など存在しないと思っている人も多いはずです。

　私自身、障害者の妻と38年間、共に生活し、7年前から認知症・寝たきりになった妻と高齢の妻の母の介護を行ってきました。一昨年、妻の母は他界し、妻は特別養護老人ホームに入所し、私の二人への介護は一段落しましたが、「介護」という言葉でイメージに浮かぶのは食事・排せつ・入浴などの「介護作業」のつらさです。その介護作業がよかったのか、悪かったのか、今、考えてもわかりません。「介護」には「正解がない」と言われている通りです。

　「介護」において「専門的な知識や技術」が必要であることは、「介護」の体験で痛感します。しかし「介護」がよいか悪いかの判断は、介護されている妻や妻の母が喜んでくれたか、少しでも元気になったかどうかで行うしかなかったと思います。いくら自分が一生懸命に「介護」したと思っていても、喜んでくれない、元気にならない、心が通じていないと思った時、厳しい言葉を投げつけたり、「虐待」になってしまう行動を起こす危険性も実感しました。その意味で「虐待」や「殺人」に至る介護者の気持ちも、理解できます。

　しかし「介護」体験を通して実感していることは、「介護」は「つらい・苦しい」ことが多いけれど、「やってよかった」

こともたくさんあることです。「介護」によって、妻と妻の母との「絆」は深まったと断言できます。もし妻が「要介護状態」にならなければ、互いにわがままをぶつけあって離婚していたかもしれないと思います。「介護」によって、妻と私の心の「絆」は確実に深く確かなものになりました。

「介護」の大半は「介護作業」に費やされ、そこに「知識や技術の修得」が必要になるが、それは最終的には「介護する人」と「介護される人」の「心の交流」「愛情に基づく信頼関係」の構築で評価されると思います。しかし「介護」すれば「絆」が深まるものではありません。むしろ「絆」を壊してしまう可能性も高いのです。「よい介護」になるか「悪い介護」になるかは、「介護」の仕方にかかっているのです。

「介護」における「よい介護」と「悪い介護」の幅の大きさは、実態として存在しているにもかかわらず、それが問題として表面化することはありません。「生活介護（家族介護）」の場合、外から客観的に評価することは困難であり、「仕事介護」については、「介護保険制度」という枠内で、同じような介護が提供されるべきであり、そう信じている人も多くいます。それが「介護」の実態・現実を見えにくくしている側面もあります。

しかし「仕事介護」でも「家族介護」でも、「よい介護」を目指す努力が続けられており、「介護」は日々進化・発展しています。また「介護」は、やり方によって「よくもなるし、悪くもなる」ものであり、「悪い介護」の事例だけを見て、「介護」とはこんなものだと思い込むべきでありません。多くの国民・住民が「こんな介護ならされてみたい・してみたい」と思うような事例を多く紹介する必要があります。

「介護のイメージアップ戦略」とは、「悪い介護」の事例を踏

まえながら、「よい介護」の実践・事例を知り、そこから学び、日々の「介護」に活かしていく取り組みの中で進められるべきです。その中で「介護」や「福祉」について学び、社会のあり方を考えていかねばなりません。それは「介護」に専念するだけでは不可能です。余裕を持って「介護」を行い、そこで考えること、そのために「要介護者」との距離を置く、そうすることで「よい介護」も可能になってきます。それが、「私の介護体験」から得た考えです。

第3章

高齢期の「生き方」と「介護準備」

「介護文化」に大きな影響を与えるのは、「介護」に直接関わらず、それを横から眺めている人たちの意識や行動です。彼らの多くは「介護」を他人事と考えて、無関心です。「介護」が現実の問題となっても、そこから「逃げたい・関わりたくない」と思っています。「介護される立場」になると、そんな自分に絶望し、自己嫌悪に陥ります。それは「介護」に「悪いイメージ」を抱いているためですが、同時に自分の「高齢期」の生活に夢や希望を持てないことにも起因します。

　誰もが歳をとれば、「介護する」「介護される」ことになります。それは必然であり、宿命です。にもかかわらず、それについて考えようとしないのは、自分の「高齢期」についても考えないからです。さらに意識調査によれば、多くの人は「死」より、それ以前の「老化＝老いること」を恐れているようです。「死」は仕方ないが、「介護」は嫌だと思っています。「介護」を抜きにした「ピンピンコロリ」が理想なのです。

　この「介護」への「無視」「忌避」「嫌悪」という感情は、どうして生まれたのでしょうか。その原因の一つとして考えられるのが、死亡場所が自宅から病院に移ったことです。**図7**のように1951年の時点では、8割以上の人が自宅で亡くなり、病院で亡くなる人は1割以下でした。ところが2000年代になると、自宅で亡くなる人は1割強まで減少し、逆に病院で亡くなる人が8割近くまで増えています。

　この死亡場所の劇的な変化の時期は、農村から都市への大規模な人口移動と重なります。都市に移住した家族は、祖父母と別居した暮らしとなり、親の「介護」と「看取り」は兄弟の中で長男の責任とされていましたから、それ以外の子どもたちにとって「介護」は「他人事」になっていたのです。それは「介

護」への「無関心」につながりますが、同時に「介護」への不安や恐怖を増すことにもなります。それが、「介護」への「忌避」「嫌悪」の感情を肥大化させたと思われます。

　実は私自身も、自分が「介護」に関わるようになるまで、「他人事」と思っていました。五人兄弟の四男である私は、親の「介護」は長男の責任であり、自分が関わることはないと思っていたからです。また結婚した時から妻の母と同居していましたが、妻の母の「介護」は妻がやるものと思っていました。ところが妻の母より先に妻がくも膜下出血で倒れ、「介護」が必要となったのです。それでも子どもの世話や妻の「介護」は、妻の母が担ってくれたので、私は仕事に没頭することができました。

　しかし妻が度々くも膜下出血を繰り返し、とうとう寝たきり・認知症になってしまいました。妻の母も高齢化し、妻の「介護」ができなくなりました。これは私にとって想定外のことであり、

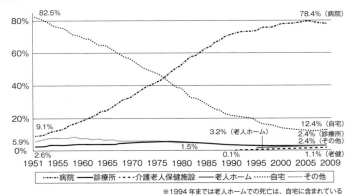

図7 死亡場所の推移

※1994年までは老人ホームでの死亡は、自宅に含まれている

出典）厚生労働省『人口動態統計』

私は大学を早期退職し、妻と妻の母の「介護」を行うようになります。そこで初めて「介護」について真剣に考え学び実践するようになったのです。その過程でもっと早く「介護」について知っていれば、より適切に効果的・効率的に「介護」ができたのにという思いを抱くようになります。

　今、「介護」している人たちの中には、私と同じような体験をして、「介護準備」の必要を痛感している人が多くいるはずです。「少子化」と「高齢化」が同時に進行する現在、「介護」は「他人事」ではなく、「自分事」になっています。「介護」を女性に押し付けていた男性も、「介護」せざるを得ない状況に陥りつつあります。病院は「治療」に専念し、死亡場所を病院から自宅に移そうとする動きも顕著になってきています。

　高齢者が「介護」に向きあい、「介護準備」に取り組むためには、「高齢期」を「どのように生きるか」という問題とも向きあい考えねばなりません。「高齢期」の「生き方」は、そのまま「介護」への対応の仕方につながっています。「高齢期」を「嫌だ」と思えば、「介護」も嫌になります、でも「高齢期」を楽しもうとすれば、「介護」も楽しくできるようになります。

　生物学の定義によれば「高齢期」とは、子どもを産み育てる「生殖期」を終えてから「死」までの時期ということになります。多くの生物は、この「生殖期」を終えるとすぐに「死」を迎えます。なぜなら、あらゆる生物は個体として「死」を迎えますが、「生殖」によって新たな生命を生み出すことで「種」として存続していくからです。したがって、次の生命を産み育てれば、個体として生き続ける必要はなく、「高齢期」とは「もう生きている必要がなくなったのに、まだ生きている期間」ということになります。

これは、高齢者の胸にドスンと響きます。「仕事もできなくなり、子どもも自立したので、後は死ぬのを待つだけ」というのが、実感できるからです。しかし生物の中で「長い高齢期」があるのは、人間だけです。しかも、この「高齢期」は年々長くなっています。なぜ、人間だけに「長い高齢期」が存在しているのか、この「長い高齢期」を「いかに生きるのか」が今日、問われているのです。それは、高齢者個人の問題であり、同時に社会全体に問いかけられている問題でもあります。

　図8は、人間の一生を区分したものですが、生まれて大人になるまでの「成長期」が人生の「上り坂」であるのに対し、「高齢期」は人生の「下り坂」とされています。これまで人々は、人生の「上り坂」に関心を集中させてきました。「下り坂」としての「高齢期」は人生の「夕暮れ時」であり、その先には「死」という闇が待ち受けている。それが一般の人たちの「高齢期」へのイメージです。

　しかし「上り坂」があれば、やがて「下り坂」を降りることになります。「上り坂」にいる子どもや若者も、やがて高齢者

図8 人間の一生の区分と「高齢期」の特徴・課題

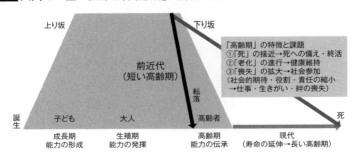

となり、「下り坂」を降りることになるのです。さらに歴史を振り返ると、「高齢期・高齢者」は必ずしも「暗いイメージ」で捉えられていません。特に前近代の社会では、高齢者は社会の「宝」「人財」と評価されていました。長く生きてきたことによる「経験」と「知恵」が、社会にとって貴重な情報源だったのです。

　だから若者は、困ったことが起きると、高齢者に相談に行きました。問題を解決するヒントを与えてもらえるからです。子どもたちは、高齢者のところに出かけて行って、昔の話をたくさん聞いていました。そこで様々なことを学んでいたのです。「老いる」ことは、経験を積み、知恵を身に付けることであり、「成熟」と捉えられていました。高齢者は信頼され、尊敬の対象でした。

　高齢者に対する社会的評価が低下したのは、近代以降です。科学技術の発展によって、高齢者の個人的な経験・知恵は役立たないとされ、子どもの教育は学校が担うようになりました。「若さ」こそ「進歩と発展」をもたらすのであり、高齢者は、それを妨げる存在とされるようになります。「若者至上主義」の風潮が社会に広まり、高齢者へ嫌悪などマイナスの感情が向けられるようになりました。それが一段落すると、今度は高齢者は「弱者」とされ、「哀れみや同情」の眼差しが向けられ、現在のような「福祉」の対象とされるようになったのです。

　今、「若者至上主義」の時代に生まれ育った世代が「高齢期」に突入しています。高齢者をマイナスのイメージで捉えていた世代が、高齢者になったのです。彼らにとって「高齢期」は、まさに人生の「下り坂」・「夕暮れ時」と意識され、生きる勇気も希望も持てなくなっています。しかし今、この「若者至上主

義」の時代も転換期を迎えようとしています。「近代＝モダン」が行き詰まり、「脱近代＝ポストモダン」が叫ばれていますが、その先が見通せなくなっているのです。

　このような時代に求められるのは「経験と知恵」です。「老いの価値」が再発見・再評価される時期に来ています。高齢者を社会の「お荷物」とするか、それとも「資源・人財」として活かそうとするか、その分かれ道に来ているのです。高齢者を「廃棄物」「お荷物」とみなせば、その負担の重さで社会は衰退する一方です。しかし「資源」「人財」として活かせば、社会はもう一度進歩・発展に向かうはずです。

　それは、高齢者自身の自覚と努力で実現させねばなりません。「下り坂」は、何もしなければ「転げ落ちる」だけです。ですが用意周到な準備をしておけば、それを思う存分楽しむことができます。幸いなことに、この「下り坂」は平均寿命の延伸によって、長く緩やかになっています。高齢者は、自分の人生を振り返り、そこで得たものを大切にして、社会に還元すべきです。社会貢献を高齢者の「生きがい」とすべきです。それによって高齢者は、自信と誇りを取り戻すことができます。

　図9で示されているように「高齢期」は、65歳から74歳までの「前期高齢期」、75歳から84歳までの「後期高齢期」、85歳以上の「超高齢期」に分けられています。これに自立して生活できるかどうかの「健康度」を重ねると、加齢とともに次第に低下していきます。この「健康度」は個人差が大きいのですが、大まかな傾向として「前期高齢期」は「自立期」、「後期高齢期」が「自立度低下期」、「超高齢期」が「要介護期」となります。

　ここに「生活課題」を当てはめると、「前期高齢期」には「現

図9 「加齢・老化」による「生活課題の変化」と「社会参加」のあり方

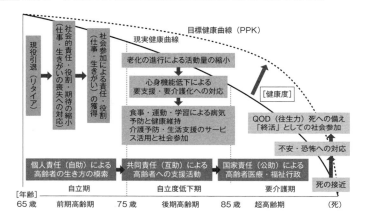

役引退」による「社会的責任・役割・期待の縮小」が問題となり、それへの対応としての「社会参加による責任・役割の獲得」が課題となります。「後期高齢期」になると「老化」が進行することで活動量が縮小しますが、それへの対応として「病気予防・健康維持」が課題となります。「超高齢期」になると、大半の高齢者は「要介護」の状態に陥り、「死の接近」への対応としての「終活」が課題となります。

　高齢者の社会貢献は、「自立期・前期高齢期」における「社会参加」において追求されますが、その活動の大半は図10のような「生活のための就業・就労」と「趣味・嗜好・健康のための活動」にとどまっています。それは「生存・安全」の欲求充足の「私益」目的の活動となりますが、それを「公益」目的の「社会貢献」「生きがい」の活動に発展させるべきです。そのために「仲間づくり活動・学習」が必要となり、それが「所

図10 高齢者の「社会参加」活動の類型

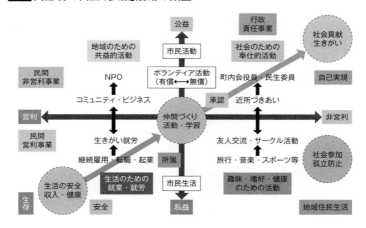

属」「承認」の欲求充足となります。

「介護準備」も、この「社会参加」活動の中に位置づけられねばなりません。「健康のための活動」は「介護予防」であり、医療・介護の費用を削減することで「社会貢献」になります。しかし「介護予防」は、「要介護」にならないための活動であり、「介護準備」とはなりません。「私益」の活動の一つとして「介護準備」も取り組まれるべきですし、地域住民のボランティア活動による「生活支援」を受けることを考えれば、「公益」目的の活動に参加するのも「介護準備」の活動となります。

図11のように、「介護」が始まるのは「自立度低下期・後期高齢期」になってからです。そこでは、自分が「要介護」となるか、あるいは配偶者を「介護する」ことになる可能性が高くなります。「超高齢期」になると、高齢者の大半が「要介護」状態となります。したがって「介護準備」は、「自立期」の「前

期高齢期」から始めるべきです。実際の「介護」が始まると、対応が後手後手となるからです。

「親の介護」は、「現役時代」から始まる場合がありますが、そこでは「介護」と「仕事」の両立と「ワーク・ライフ・バランス」が問題となります。しかし「高齢期」になると、「配偶者の介護」が課題となり、「老老介護」への「準備・備え」が課題となります。ただ、何時、「介護」に直面するかは予測できません。「介護準備」として大切なことは、「介護」に対する心構え、「死」を見据えたうえでの「人生の閉じ方」です。「死」を迎える際、どのような「介護」を望むのかを明確にして、それへの準備を始めるべきです。

それが「高齢期のライフプランの策定」です。ここで大切なことは、「介護」が「他人事」ではないこと、自分もやがて「介護する人」「介護される人」になることを認識することです。そのうえで「介護に関する知識や技術の修得」を目指すべきです。通常「介護」は「家族介護」から始まりますが、そこで求

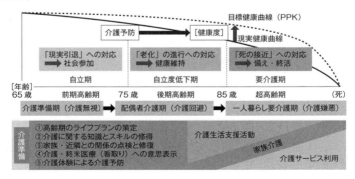

図11 高齢期における「生活課題」と「介護準備」

められるのが「家事能力」です。それまで「家事」を担っていた女性は、すでに高い「家事能力」を身につけています。しかし「家事」を女性に任せていた男性の場合、「介護」をする前の段階から「家事」で戸惑うことになります。

「家族介護」は「家事」を行いながら、その延長線上に「介護作業」がなされます。しかし料理や掃除・洗濯をやったことがない男性の場合、それを担っていた女性が「要介護」状態になると、その家事をこなせなければ「介護」することもできません。「介護」以前の「家事」の段階でストレスを溜めて、それが爆発して「悪い介護」に陥ってしまいます。「介護力」の前提として、自分にどの程度の「家事能力」があるのかを確認し、その修得に努めるべきです。

「家事能力」に自信のある女性の場合、張り切って「介護」のすべてを担おうとする傾向があります。しかし高齢者の「介護」は、女性にとって想定した以上の負担となります。「育児」では日々成長している子どもを見て元気が出てきます。しかし高齢者の「介護」は、日々衰えていくのを感じながら行うことになります。また「育児」とは異なり、いつ終わるのかわかりません。「先が見えない」のが、「介護」の特徴です。

高齢者による「介護」の場合、日々「老化」によって「介護力」が低下していくことになります。場合によっては、自分が「要介護」状態に陥り、介護している人より先に死ぬこともあり得ます。しかし「介護」は、高齢者にとって「介護予防」になることもあります。「介護」によって、自分は必要とされていることが実感され、それが高齢者の「自己肯定感」を高め、「生きがい」にもなります。「介護」のために身体を動かすことが適度な運動となり、頭を使うことが「認知症予防」となります。

「家族介護」では、「愛する人を介護する喜び」「愛する人に介護される幸せ」を実感できます。「介護」によって家族の「絆」を深め、強固にすることもできます。しかし「介護」が「喜び」から「苦しみ」に変わり、「愛情」が「憎しみ」となり、「介護」によって「絆」が断たれる場合もあります。自分の「介護力」の度合い、限界を知っておかねばなりません。それを補うために、誰の力を借りるのか、公的な「介護サービス」の利用も考えておかねばなりません。

　食事の支度を例にとると、食材は買ってきますし、でき上がった惣菜で済ませる場合も、外食にすることもあります。同じように「仕事介護の利用」も、家族による「介護」の一部となります。どのような食材がどこに・どんな値段が売られているのかを知ることも、料理の一部であるように、「介護施設」や「介護サービス」の情報を得ることも「介護」です。ただ「仕事介護の利用」は、「介護」が必要となった時点で適切に行うことができますが、「家族介護」や地域からの「生活支援」には、事前の準備が必要です。

　なぜなら「家族介護」「生活支援」は、「介護」が始まる以前の人間関係・社会関係のあり様によって決まるからです。家族や隣の住民との良好な関係が構築されていれば、「介護」も円滑に始められます。しかし、そこがこじれていれば、それを修復しておかねばなりません。それが「介護準備」としての「家族や近隣住民との関係の点検と修復」です。将来、自分を「介護する人」になるかも知れないと思うだけでも、接し方は異なってきます。それが「関係の修復」となります。

　高齢者にとっての「介護準備」は、自分が「介護される」ことも想定したうえでの準備であり、「どのような介護を受けた

いのか」、「終末期の延命治療を望むのかどうか」等の意思表示も元気な時から順次しておくべきです。希望する「介護」や「看取り」が実現できる保障はありませんが、本人の意思・希望をできるだけ尊重しようとする社会環境は整いつつあります。またそれは、絶えず修正されるものであり、そこでは「介護する」という体験が大きな意味を持ってきます。

　「介護準備」は、ニーズが抑え込まれ顕在化していないので、「ニーズの掘り起こし」から始めねばなりません。そのために有効なのが「介護施設・介護事業所の見学」です。私は、私が生活する地区の社会福祉推進協議会の事業として、毎年、近くの介護施設・事業所の見学を行っています。近所に介護施設や介護事業所がオープンしても、近隣の住民は中に入ったことも、中で何が行われているかも知りません。そのため、この見学は大変好評です。

　先進的な取り組みを行っている施設や事業所では、地域社会との融合・協力関係の構築に取り組んでいます。しかし、大部分の介護施設・事業所は、その地域の住民が知らないうちにオープンし、そこに住民が立ち入ることもありません。でも、そこで何が行われているかについては、多くの住民は知りたいと思っています。見学することで、親や家族・自分の「介護」を考え、それが「介護準備」の始まりとなります。

第4章
「健康」の概念と「介護予防」活動の問題点

私は、以前、カラオケが認知症予防に効果があることから、カラオケの同好会に「軽度な認知症およびその懸念がある人を参加させる活動ができないか」と打診したことがあります。ところがカラオケサークルの代表者からは、「認知症と結びつけないでくれ」と叱責されたことがあります。以前、認知症という言葉を出しただけで、多くの会員が辞めていったというのです。元気な間は、「認知症や要介護の人たちと関わりを持ちたくない」、「健康な人」と「病気の人」「介護が必要な人」を分けて考える風潮が地域社会にはあるようです。

　ゲートボールを楽しむ高齢者の中で、最近出てこない人の話が出て、その人が「入院した・施設に入った」と聞いても、「可哀想だね」と一言で片づけられ、その後、その人のことには誰も触れなくなったというような話をよく聞きます。つまり「健康で自立生活ができている人」と「そうでない人」との間に、大きな壁・深い溝があるのです。「介護される人」になるということは、「向こうの世界」に行くことであり、「そこに行きたくない」という強い思いが「介護準備」を妨げているようです。

　「後期高齢期」「自立度低下期」になると、高齢者は老化による心身の機能低下を実感するようになり、「健康維持」「介護予防」への関心が強くなります。ところが、ここでも「介護準備」の取り組みを始めようとしません。最近、「終活」という名の「人生の閉じ方」への取り組みがブームになっても、葬儀やお墓・資産の扱いなどが中心であり、それ以前に直面する「介護」については、十分に触れられていません。「ピンピンコロリ」が理想とされ、「ピンピン」と「コロリ」の間にある「介護」が無視されているのです。

　「終活」を行うのであれば、「介活」（「介護」のための準備活

動)にも積極的に取り組むべきです。「介護予防」を重要視するのであれば、「介護準備」も同じように重要視すべきです。ところが「健康」と「死」について意識されながら、その中間の「介護」には、十分の配慮・関心が持たれないのです。むしろ、多くの高齢者は「死ぬ」ことよりも、「老いること」「介護される」ことのほうを恐れているようです。しかし「介護」は、健康になるためにも、幸せに死ぬためにも、必要なことなのです。

図12のように多くの人は、「健康」と「病気」を分けて考えています。病気になれば病院で治療をしてもらう。医師と看護師の指示を忠実に守り、「よい患者」になろうとします。ここに介護福祉士も加えられます。高齢者にとって「健康で自立した生活」ができる間は「健康寿命」であり、「平均寿命」までの期間は「病気・要介護」の期間になります。なによりも大切なのは「健康」である期間を延長することであり、「健康づ

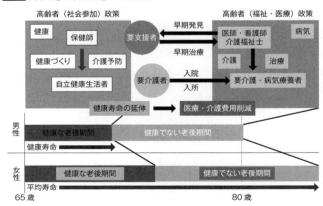

図12 「健康」と「病気」との境界

くり」「介護予防」に努めることになります。

　したがって「病気」になること、医師や看護師・介護福祉士の世話になることを恐れます。少々具合が悪くなっても、まだ元気だと自分に言い聞かせて頑張ろうとします。時々、医師や看護師・介護福祉士がやってきて、「早期発見」「早期治療」と称して、具合の悪そうな人を見つけようとしますが、多くの高齢者は蜘蛛の子を散らすように逃げていきます。「健康」の世界から「病気」の世界に連れていかれるのを恐れているのです。「健康」と「病気」の世界には、大きな壁・深い溝があるのです。

　高齢者を対象とする政策も、「健康な高齢者」を対象とする施策・事業と「病気・要介護の高齢者」を対象とする施策・事業に分かれています。「病気・要介護の高齢者」を扱うのが医師・看護師・介護福祉士であり、「健康な高齢者」は保健師が担当し、健康づくり・介護予防を指導します。そして「健康な老後期間」＝「健康寿命」の「延伸」と「健康でない老後期間」の「短縮」を目指します。それが「医療・介護費用の削減」につながり、現役世代の負担の軽減になるからです。

　図13のように「生活習慣病予防及び介護予防」では、「健康で活動的な状況」にある人が「健康を維持し病気を予防する」ことを「一次予防」、「病気・要介護の状態」の人が「重度化することを予防する」ことを「三次予防」と呼んでいます。そして「健康」と「病気・要介護」の中間にいる人に対して「早期発見」し「早期治療」を行うことを「二次予防」としています。しかし、この「二次予防」は、該当する人たちが非協力的であるという理由で成果を上げていません。

　WHO（世界保健機関）によれば「健康とは身体的・精神的・霊的・社会的に完全に良好な動的状態であり、たんに病気ある

いは虚弱でないことではない」と定義されています。つまり「健康」とは、「身体的」だけでなく、「精神的」「霊的」「社会的」に良好であることであり、病人や障害者・要介護者であっても、「健康」とは無縁でない「健康」を目指すことができるのです。ここで特に重要なのが、「人間の健康は動的なもの」であり、「健康」と「病気」は連続していると認識されている点です。

図14は、このWHOの健康の定義を発展させてみたものです。

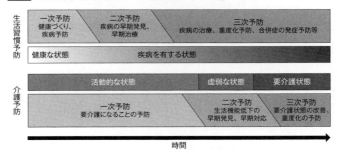

図13 生活習慣病予防及び介護予防の「予防」の段階

WHO　健康の定義

1999年
Health is a dynamic state of complete physical, mental, spiritual and social well-being and not merely the absence of disease or infirmity.

健康とは身体的・精神的・霊的・社会的に完全に良好な動的状態であり、たんに病気あるいは虚弱でないことではない。

dynamic…人間の健康は動的なものであるということ
spiritual…精神的なもの以外の霊的な要素も考慮

1948年
Health is a state of complete physical,mental and social well-being and not merely the absence of disease or infirmity.

身体的・精神的・社会的に完全に良好な状態であり、たんに病気あるいは虚弱でないことではない。

「健康」と「病気」は連続しており、完全に「健康」な人はいないし、完全に「病気」の人もいない。「病気」の部分と「健康」な部分のバランス・比重の違いによって、「病気」になったり、「健康」でいられるのです。以前、病気の多くは、身体の外にある「ばい菌」が体内に侵入して発症する「感染症」であり、結核やコレラ・チフスなどが「死因」の主因でした。したがって「病原菌」の侵入を防ぐのが「病気予防」であり、侵入した「病原菌」を殺すのが治療でした。

　しかし今日、「死因」の中心は「感染症」から、がんや心疾患・脳疾患などの「生活習慣病」に移っています。「生活習慣病」とは、それまでの生活習慣によって体内の組織が変質し、発症するものです。「感染症」の治療・予防で大きな成果を上げた西洋医学・近代医学も、この「生活習慣病」の治療には悪戦苦闘しています。「完治する」ことが困難であり、治療を終えても「要介護状態」が続くのが「生活習慣病」の特徴です。これ

図14 WHOの健康の定義の発展図

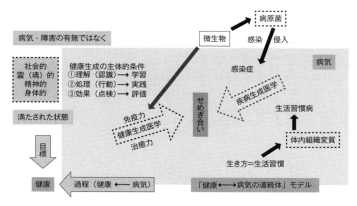

が「介護」を社会問題化させている原因の一つです。

その中で注目されるようになったのが、人間の中にもともと存在する病気を治す・予防する「治癒力」「免疫力」です。例えば「がん細胞」は、普通の人間でも毎日5,000個程度生まれていますが、それを「免疫細胞」がやっつけているから発症しないのです。それが「老化」や「無理な生活」を続けることで「免疫力」が低下すると、「がん細胞」が増殖を続け、ついに「がん」の発症となるのです。

人間の体内には、病気を予防する・病気を治す力があり、その力を強くする・高めることが「健康」の秘訣であるとされるようになりました。医学の世界でも、なぜ病気になったのかを研究する「疾病生成医学」から、なぜ健康が保たれるのかを研究する「健康生成医学」への重点移行が始まっています。そこで大切になるのが、「免疫力」・「治癒力」を維持し高めるための「生活習慣の改善」であり、それは日常の「暮らし」・「生き方」の問題となります。

それを「介護」の問題に応用すると、次の図15のようになります。図の右の上に「病気」を治療する「キュア」があり、看護や介護である「ケア」は左の下の「健康」の維持・増進に位置づけられます。「ケア」によって健康な部分を活性化することで、「キュア」としての治療の効果を高めるのが目的となります。「健康」な部分は、どんな重病人でもあります。「健康」な人であっても、「病気」の部分を抱えています。「キュア」が図の上方の「病気」に対応するのに対し、「ケア」は「健康」に貢献します。

「介護の歴史」「よい介護と悪い介護の違い」という視点で見れば、過去の「抑える介護」「悪い介護」は、病気の部分だけ

に関心を集中させ状態を悪化させるものであり、現在の主流である「与える介護」は、できない部分を補うことで状態を維持することにとどまります。これに対して、これから目指すべきとされる「引き出す介護」は、元気な部分・健康な部分に注目し、それを活性化することで状態を改善することを目的とします。

この「引き出す介護」で「心の交流」「心の介護」が重視されるのは、「心のあり方」「心の持ち方」が「免疫力」「治癒力」に大きな影響を与えるからです。最近の脳科学や遺伝子研究、さらに免疫力・治癒力の研究では科学的に実証され始めています。最近では「免疫力」「治癒力」に「腸内細菌」が深く関わっていることが発見され、人間は誕生して生活している中で多くの微生物を体内に取り込み、それが「免疫力」「治癒力」に関わり、「心のあり方」にまで影響していることもわかってきました。

図15 「健康←→病気の連続体」モデル

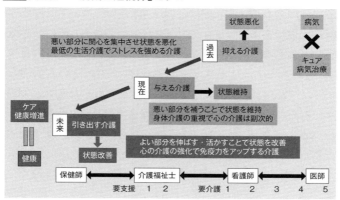

昨年放送されたNHKスペシャルの番組で大きな反響を起こしたのが、100歳以上の健康長寿者を対象とした研究で、「心の持ち方」「満足感」が健康長寿の秘訣である「慢性炎症の抑制」に影響を及ぼしていることが明らかにされた点です。しかも「満足感」の中でも、自分の欲望を満たすことで得られる「快楽型満足感」は「慢性炎症」を促進する遺伝子を活性化させ、ボランティア活動や家族のため・社会貢献で得られる「生きがい型満足感」が「慢性炎症」を抑制し、健康長寿につながることが発見されたのです。

　このことは、WHOの「健康の定義」につながります。「健康」を「身体的」だけでなく「精神的」「霊的」に「良好な状態」としたのは、「心の健康」を重視したものです。「引き出す介護」において「心の介護」が重視されるのは、それが「身体の健康」にもつながるからです。特に高齢者が「介護される」立場になることは、「自信と誇りの喪失」「自己否定感情の肥大化」を促進し、「心の健康」状態を悪化させます。だからこそ「心の介護」が重要になってくるのです。

　WHOは、「身体」だけでなく「心」の「健康」も重視し、さらに「社会的な状態の改善」も「健康」の条件としてます。社会から排除され孤立しないこと、それが「社会的な健康」となります。それは、社会とつながることだけでなく、「社会に認められる」「社会から必要とされる」ことでなければなりません。「生きる目的」「生きる意欲」を持つこととしての「生きがい」が必要であり、それによって「身体的・精神的・霊的・社会的」に「良好な状態」になれるのです。

　「健康」と「病気」は連続し重なりあっているのであり、「病気」と「健康」の間に境界線を引くことはできません。「治療」

や「介護」を受けていても、社会に参加し、生きがいを持つことはできます。それが「治療」の効果を高め、「要介護」の状態を改善させることになります。そのためには「生きようとする意欲」が必要であり、それを「引き出す」のが「介護」です。仲間が病気で入院したり、介護施設に入れば、駆けつけていって「励ます」、元気が出るように「支援する」ことも、広い意味での「介護」に含まれます。

　「介護」をすれば感謝され、自分も必要とされていることを実感できます。それが「自信や誇り」となり、「自己肯定感」となり、「心の健康」「生きる意欲」につながり、「介護予防」の効果を発揮します。つまり「介護する」ことが、最も効果的な「介護予防」となるのです。「介護」から目を背け、「介護」から逃げるようであれば、「介護予防」にはなりません。「介護する」ことが「介護準備」となり、さらに「介護予防」にもなるのです。

　その意味で「老老介護」は、決して否定されるべきものではありません。高齢者にとって配偶者を「介護する」ことは、介護する高齢者の「生きがい」になり、「介護予防」にもなります。「介護される」側にとっても、望ましいことです。「愛する人を介護する喜び」、「愛する人に介護される幸せ」があるのです。それを高齢者から奪ってはなりません。ただ「介護」が、そのまま「生きがい」や「介護予防」になるわけではなりません。「介護」の負担が過重であれば、「介護」は「喜び」ではなく「苦痛」に転じるからです。

　老夫婦がともに「要介護」になっても、互いの「介護」に少しでも関われるように配慮すべきです。ほんの少しでも、やれる範囲の中での「介護」を保障すべきです。それが互いの「介

護予防」につながるはずです。そのためには、周辺からの十分な支援が行われねばなりません。「介護」とは、「介護する人」と「介護される人」の「絆」を深めることも、その「絆」を断つこともあるのです。問題は、「介護」そのものではなく、その仕方にあります。だからこそ「介護準備」が大切なのです。

　この「介護準備」は、「高齢期のライフプランの策定」とともに行われるべきですが、そのサポートとして高齢者の学習が積極的に促進されるべきです。なぜなら「高齢期」は、「老化」によって「心身の機能低下・状態変化」が激しい時期であり、その進行度合いは個体差が大きく、調整可能です。高齢者自身の努力と意欲・生活環境によって、自立生活・健康の維持は可能です。ところが、この「高齢期」の心身機能の変化とそれに対する対応について、高齢者自身が学ぶ機会が保障されていません。個々の責任に委ねられているだけです。

　「成長期」の子どもたちは、学校教育の中で「心身機能の変化」について学習することが義務付けされています。また妊娠した女性に対しては、「母子健康手帳」が配布され、出産やその後の育児について学ぶことができます。ところが、同じように心身の変化が激しい高齢者には、十分な学習の機会が与えられていません。高齢者の学習については、文部科学省系列の「生涯学習」がありますが、趣味や一般教養の学習が中心となっており、高齢期の生き方や「介護」について学ぶ体制は不十分です。

第5章
「仕事介護」と「家族介護」の連携と役割分担

「介護」の歴史を振り返った時、二つの流れがあることに気付きます。一つは、家族の中で行われる「介護」であり、もう一つは、病院・施設で行われる「介護」です。前者は、家族が行うことから「家族介護」と呼ばれますが、「家事」の延長線上に位置づけられています。後者は、「医療」の延長として行われるものであり、「キュア＝治療」の後の「生活管理」としての「ケア」と呼ばれ、「看護」と一体化されます。これは、最初から「仕事介護」として行われます。

　前者の流れからも、「仕事介護」は誕生します。まず「富裕家族」で、使用人を雇い「介護」させる「使用人介護」が登場し、それが「仕事介護」となります。他方で、「貧困家族」に対する「福祉」としての「仕事介護」が登場します。貧困家族に対する「家事支援」から始まり、そこから「訪問介護」という「仕事介護」が誕生します。それは、「施設介護」をあわせて「福祉介護」となります（**図16**）。

図16 家族介護と仕事介護の関係図

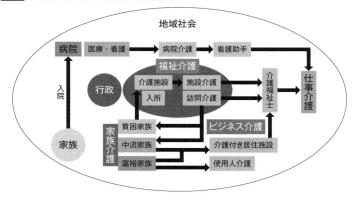

富裕家族での「使用人介護」は、「福祉介護」の範疇に入りませんが、「介護市場」が形成され、民間の営利企業が参入すると、そこに組み込まれていきます。家族の形態変化、家族の規模・機能の縮小などによって「家族介護」が、その役割・比重を低下させる一方で、それを補う形で「仕事介護」が増加し、「介護」が産業として急成長するようになります。その結果、「福祉介護」は「ビジネス介護」という性格も帯び、その経営のあり方も課題として追究されるようになります。

　ここで「家族介護」と「仕事介護」の違い、それぞれの役割と連携・機能分担を考えてみます。**図17**のように両者は、「介護作業」と「知識とスキルの修得」「感情（心の介護）」という「介護の三層構造」は同じです。違いは、そのバランスです。「家族介護」の場合、「介護」は日常生活に組み込まれ、「家事」の延長線上に行われます。「介護」対象者は、ごく少数であり、「介護作業」の量や「知識とスキルの修得」は限られたものとなり

図17 「仕事介護」と「家族介護」の違いと特徴

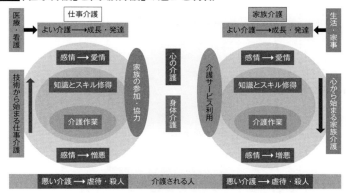

ます。その代わり「要介護者」へ向けられる感情は大きくなります。

これに対して「仕事介護」は、多くの「要介護者」を対象とするために、「介護作業」の量は多く、そこでの「知識とスキルの修得」も高い水準となります。ただ「仕事介護」では、「介護する人」は基本的に「介護される人」と初対面となるので、「感情」はゼロから出発します。「介護」の負担としては、「介護作業」は「仕事介護」の方が圧倒的に多くなりますが、「家族介護」では家事や仕事などもこなさねばならないので負担は重くなり、両者は一概に比較できません。

そこで問題とすべきが、それぞれの性格・役割分担です。「家族介護」の場合、まず「家族」という組織の性格・役割や機能から「介護」の意味・価値を考えねばなりません。**図18**のように、現代社会は三つの社会システムから構成されており、「生活手段の生産と分配」を担うのが「経済システム」です。そこ

図18 三つの社会システム

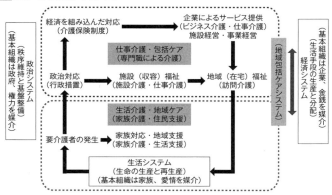

での基本組織は「企業」であり、「金銭」を媒介とした人間関係・社会関係が特徴となります。

これに対して「秩序維持と基盤整備」を担うのが「政治システム」であり、基本組織は「政府」、「権力」を媒介とする人間関係・社会関係が特徴となります。「家族」が位置するのは、「生命の生産と再生産」を担う「生活システム」です。その基本組織が「家族」であり、そこでは「愛情」を媒介とした人間関係・社会関係が特徴となります。この三つの社会システムが確立したのは、近代以降であり、「政治」と「経済」の社会システムが肥大化し、「生活」がシステムとして弱体化しているのが現代社会の特徴となっています。

ただ「家族」は、近代以前では生産の組織でもあり、それぞれの家族が「家業（家の仕事）」「家産（家の財産）」を持っていました。したがって「家」の存続・発展が家族構成員の願いであり、必ずしも「愛情」を媒介とする人間関係となりませんでした。「家族」は生活手段の消費による「生命の生産と再生産」の組織となったのは、市場経済が発展し、「企業」が生活手段の生産の基本組織になった近代以降です。

現代の社会では、人間は「家族」の中で生まれ育ちますが、成長すると親の「家族」から自立し、結婚相手を見つけて自分の「家族」をつくります。仕事は、企業に雇用され、「家族」から離れた場所で行います。「家族」は仕事を終えた後、食事や睡眠・休息する場所であり、そこで子どもを産み育てます。高齢者や病人への「介護」も、そこで生活の一部としてなされます。

「生活」に支障が生じた場合、「政府」が社会福祉政策などでサポートします。その費用は、国民から徴収された税金から支

出されますが、「介護」の場合、保険制度がつくられ、保険料として徴収されたお金が当てられます。しかし、そこにも税金が投入されており、「福祉介護」としての「仕事介護」は、基本的には「政治システム」の一部となっています。ただ「介護市場」が形成され、「介護」も産業となっている状況の下で、「仕事介護」は「経済システム」の中にも組み込まれているのが現状です。

「家族介護」は「生活システム」の中で行われ、住民による「生活支援」も、ここに含まれます。これに対して「仕事介護」は、政府の福祉政策として「政治システム」の枠内でなされる一方で、そこに民間企業も参入することで「経済システム」にも包摂され、「政治」と「経済」の狭間に位置しています。家族や地域住民は、自らが「介護」を担いながら、同時に「政治」と「経済」のシステムから提供される「介護サービス」も利用します。それが「生活介護・地域ケア」となります。

「仕事介護」と「家族介護」の関係、両者の位置・役割の違いを明確にしたうえで、まず「家族介護」の問題を考えてみます。それは**図19**のように「家族介護力の低下」と「介護ニーズの増大」という二つの問題から引き起こされており、その対応は三つに分かれています。第一は、「既存家族の自助のみによる対応」であり、「自閉型請負介護」と名付けられます。ここでは「家族介護者」の負担が過重となり、「虐待」や「殺人」という悲劇的事件が多く発生しています。

第二は、外部から提供される「介護サービス」を積極的に利用する一方で「家族」としての責任・役割も果たそうとするものです。「既存の家族のあり方」を見直し、新しい「家族再生」を目指すのが特徴となります。第三も、「介護サービスの利用」

という点では第二と同じですが、極力、家族の負担を減らし、外部の「介護サービス」に委ねようとする点で、「家族解体」と名付けることができます。

第一のタイプの破綻が明らかになっているのが現在ですが、第二と第三のタイプはまだ少数派であり、その違いも明確になっていません。「家族の再生」を志向しても、その具体的な姿は明確になっていませんし、「家族解体」も既存家族を批判しているだけであり、家族の否定まで主張するものでもないからです。しかし、この第二と第三の違いは「仕事介護」と「家族介護」のあり方・機能分担として重要な意味を持っています。

現代の日本社会の大きな問題は、「政治」と「経済」のシステムが肥大化し巨大になっているのに、「生活」は貧しく弱体化している点にあります。「生活」の中心は「家事」であり、それを担っていた女性が社会に積極的に進出することで、「政

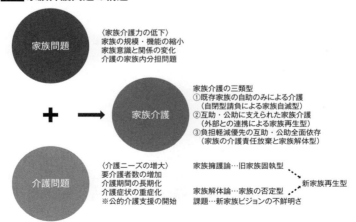

図19 家族介護問題の構造

治」と「経済」の肥大化は促進されましたが、逆に「生活」の機能収縮・弱体化は加速されています。「介護」も、以前は「家族」の重要な仕事でしたが、現在では「仕事介護」に大きく依存せざるを得なくなっています。「仕事介護」の増大が、「家族介護」の縮小を加速させているのです。

しかし「家族介護」には、「家族介護」でしかできないこともあるはずです。「仕事介護」の責任・役割として、「家族」の「介護力の強化」もあるのではないかと思います。「仕事介護」が「家族介護」を押しのけるのではなく、「家族介護」とともに「介護ニーズ」の激増に対応すべきではないでしょうか。にもかかわらず「家族介護」の限界・「仕事介護」の責任・役割のみが主張され、「家族」の「介護力の強化」がなおざりにされている気がします。それは「医療・介護費用の削減」という課題からも許されることではありません。

これまで「家族」によってぎりぎりまで「介護」がなされ、できなくなった時点で「施設」への入所となり、「施設介護」にすべてを委ねるのが一般的でした。つまり「家族介護」か「施設介護」かという二者択一の選択が迫られていたのです。私の妻も、現在、特別養護老人ホームに入所していますが、私は毎日、妻が入所している施設を訪れています。しかし、私のように毎日訪れる家族は稀です。入所すれば、顔も見せなくなるという家族が多いようです。

私は、妻が特別養護老人ホームに入所して初めて「家族でしかできない介護」ができるようになったと実感しています。妻が好きで食べられるものを一品、必ず夕食用に買っていきます。以前、妻の食欲が低下し、看護師から「飲み込む力が落ちてきたから、飲み込む訓練をしましょう」と提案されました。私は、

施設で出される食事だけでは食欲が出ないだろうと思い、妻が好きで食べられるものを買って食べてもらうと、驚くほどの食欲が出てきたのです。飲み込む訓練より、食欲が出るものを準備することは、家族しかできないことです。

「介護」について調べていく中で「施設における家族介護について」という論文があることに気付きました。アメリカの介護施設では、入居者の家族が日常的に出入りし、家族でできる「介護」を行っており、施設もそれを歓迎しているそうです。自分の「介護体験」を振り返ってみても、他人に任せてもいい「介護作業」が多くあることに気付きます。ですが、家族でしかできないこと、家族が最も得意とする「介護」も多くあります。

「介護」を始める前に、その負担の大きさを知っていれば、他人でもできることは他人に委ねることを選択できるはずです。「仕事介護」に委ねる部分と「家族介護」として責任を持つ部分をはっきりしておくことが、家族介護者の負担を軽くすることになります。それは、施設に入る前も、入った後も同じだと思います。互いに得意とする部分を担えばいいのですが、同時に両者が協力・連携することで、不得意の部分の「介護力」を高めることも可能です。

「仕事介護」は、知識・スキルの面で優れているので、それを「家族介護」に伝えることができます。「家族介護」では、「介護される人」の「心」を熟知しているはずですから、それを「仕事介護」に伝えることが必要です。それを表したのが、**図20**です。縦軸に「介護スキル」・横軸に「介護の心」を指標にすれば、「仕事介護」は介護スキルの高さが特徴となりますが、「心の介護」では家族より劣ることは避けられません。逆に「家族

介護」は、愛情にあふれていても、「介護スキル」では「仕事介護」にかないません。

そこで両者が協力し連携すれば、「熟達介護」と「温かい介護」の両立が可能となります。逆に「仕事介護」のスキルが低く、「家族介護」で愛情が欠落すると「稚拙介護」「冷たい介護」となり、「虐待」につながる危険性が高くなります。「介護介護」では、家族が施設を訪れることになりますが、「訪問介護」では「仕事介護」として家族のもとへ出向くことになります。そこで両者は、同じ空間で共に「介護」することになります。

「訪問介護」では「家事援助」が中心となり、本人もしくは家族ができないことをやるのが「仕事介護」となります。しかし、それは「家族」の「介護力」の低下を促進することになってはなりません。また本人ができることまでやってしまうと、「引き出す介護」にはなりません。しかしそれは、家族がどのような「家族」を望んでいるのかによっても左右されます。「家

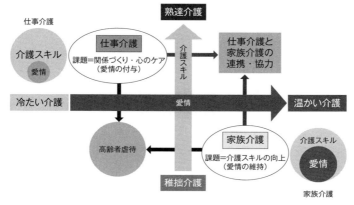

図20「家族介護」と「仕事介護」の相関関係

族介護」における「家族像」と、「仕事介護」における「家族像」が当然異なることもあるからです。

図21は、「家族介護」に関する調査・研究で明らかにされたことをまとめたものです。「仕事介護」と共通する部分も多いのですが、「仕事介護」の役割の一つとして、「家族介護」が円滑に進むように支援することにも力を入れるべきと思います。特に最後の「目標」となる「介護による肯定的感情」（自尊感情の向上・生活世界の拡大・情緒的つながりの深化・人生哲学の獲得）は、「仕事介護」の目標でもあり、「介護」に関わる人が全員で共有すべきものです。

「仕事介護」の問題は、「家族介護」の問題と切り離して議論されていることが多いようです。「家族介護」ではできないことを「仕事介護」が担っているという気負いが強く、地域や家族の「介護力」を高めることを「仕事介護」の責任の一つとしている気配は感じられません。しかし「仕事介護」の人材の確

図21「家族介護」に関する調査・研究

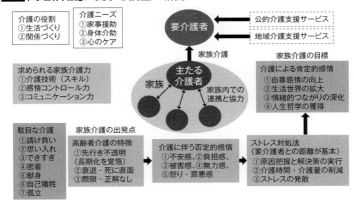

保が困難なのは、生活の一部としての「介護」に「よいイメージ」を抱いていないからであり、家族内の「介護」が３Ｋと思うから、「介護職」の仕事も３Ｋと思うからではないでしょうか。

「介護」は「介護する人」と「介護される人」の「絆」を深めるものであり、間違えば逆に「絆」が断たれることもあります。「介護」に求められる知識とスキルはどんどん高度化しており、それは「家族介護」にも応用されねばなりません。地域の住民や家族が「介護」に関心を持って「知識やスキル」を高めれば、「仕事介護」への尊敬と信頼が深まるはずです。地域や家族で「介護」に取り組めば、「介護」のつらさと同時に、その魅力を知ることができますし、そこから「介護」を仕事に選ぶ人も出てくるはずです。

なにより激増する「介護」のニーズを「仕事介護」だけで担うことは困難です。地域や家族と分担しなければ、社会問題としての「介護問題」は解決できません。さらに「仕事介護」を担う人も、地域や自宅に帰れば「介護」に関わらざるを得ません。仕事で培った「介護力」を活かすことができますし、逆に地域や家族で「介護力」を身に付ければ、それで「仕事」ができるかもしれないのです。

第6章

「身体介護」偏重からの脱皮、「心の介護」重視へ

私の暮らす集落は、バスの終点から山道を２時間登ったところにありますから、自動車の運転ができない高齢者は買い物に行くことができません。そこで私は、８年前から、同じような三つの集落を対象に「買い物ツアー」をボランティア活動として行っています。それと同時に、朝、畑で採れた野菜を街中の高齢者サロンで売るという「出前福祉朝市」も開催しています。

　往復で２時間半の車の中で昔の流行歌を流すと大変好評だったので、スクリーンとプロジェクターを買って、「懐メロ・映画サロン」も開催しています。市内の老人クラブや高齢者サロン・介護施設やデイサービスで行っており、最近では「高齢者のための健康長寿の生き方講座」を老人福祉センターで始めました。月１回・２時間・計６回の開催ですが、90歳の高齢者も熱心に参加して、最後は「90歳を超えて生きていくことが嫌になっていたが、この講座に参加して、もう一度頑張ろうという気になった」とお礼を言ってくれました。

高齢者のための「健康長寿」生き方講座

〈講座日程〉
第一回　高齢者を「人生の最高の時」とするために
第二回　病気予防と健康維持は免疫力強化から。
第三回　「介護と医療」「家族と地域」を考える
第四回　社会への参加と貢献を「生きがい」に！
第五回　「死」は怖くない！　「終活と備え」
第六回　笑って・前向きが「健康長寿」の秘訣
　　　　講師　小桜義明（静岡大学名誉教授）

　私は、この「懐メロ・映画サロン」と「生き方講座」を、**図22**のように「健康長寿の三つの秘訣」の一つと位置づけています。それは、高齢者を対象とした地域での「健康づくり」が「身体を動かす」「口を動かす」ことに特化しており、「心を動

かす」取り組みが少ないと感じたからです。これは高齢者を対象とした心理療法であり、「懐メロ映画サロン」は「回想法」と「音楽療法」を組みあわせたもの、「生き方講座」は「学習療法」ということになります。

　介護施設やデイサービスなどでは、「能動的音楽療法」として歌うことは盛んにされていますが、「受動的音楽療法」として聴いて回想・瞑想することは少ないようです。私は、インターネットの動画サイト等で昔の歌手の映像を見つけ、画像と同時に聴いてもらっています。映画も、若い頃に大ヒットしたものが中心で、いわゆる名画とされているかどうかにこだわりません。高齢者の立場に立って、歌や映画を選んでいます。

　若い頃に熱狂していた歌手の姿や声を聴き、懐かしい映画で昔を思い出す高齢者は、生き生きした表情で喜んでくれます。十歳以上若返ったようです。これは、妻が認知症になった時、妻が好きな歌を聴かせると歌詞を目で追う反応を示すようにな

図22 「健康長寿」の三つの秘訣

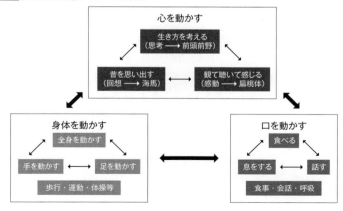

ったことから始めたものです。ところが、介護施設や事業所の職員は、このような活動に関心を示しません。身体介護の作業に追われて、余裕がないのです。

　特に「生き方講座」のような話には、ボランティアの人たちから「高齢者に難しい話は駄目です」と言われ反対されました。その人たちがやるのは、幼稚園や小学校の低学年の子どもたちがするような簡単なゲームであり、「高齢になると身体も心も衰え、子どものようになる」と信じ込み、高齢者にも学びたいというニーズがあることを知らないようです。しかし、話を始めると、参加した高齢者が喜び、ボランティアの人たちも勉強になったと感謝してくれます。

　「生き方講座」で話すことは、高齢者に関する最新の研究成果についてですが、福祉関係者の多くが「知らない・情報を得ていない」ことに驚かされます。仕事が忙しく、勉強する時間・余裕がないからでしょう。高齢者の集まりに参加しても、福祉関係者からは「上から目線」で「オレオレ詐欺・交通事故に気を付けてください」などの説教のような言葉が中心です。高齢者を「福祉」と「介護」の対象としか見ておらず、高齢者の自主性・主体性を引き出すことは苦手のようです。

　「福祉」や「介護」の提供者が主体となっていたのが「古い介護文化」であれば、「新しい介護文化」は「福祉」や「介護」の対象者とされていた高齢者が主体となって初めて生まれてくると思います。高齢者の主体性を引き出す取り組みは始まっていますが、まだ一部にとどまっているようです。そこで提起されるのが、「身体介護偏重からの脱却、心の介護の重視」です。

　図23は、WHO健康の定義を踏まえながら、これまでの近代的西洋医学とこれからの医学を対比したものです。これま

の「近代西洋医学」では、「精神（心）」と「身体（体）」は分離され、「身体」も「臓器」別に分けて「治療」を施すというものです。これに対して「これからの医学」では、人間の中心には「魂（霊）」があり、それを「精神（感情）」「身体（体）」が包むように存在し、それぞれが社会とつながる構造になっています。

「介護」という視点からみれば、「介護される人」の「身体（体）」だけでなく、「精神（感情）」・「魂（霊）」も「介護」の対象とするということであり、「身体」と「心」の相互作用に配慮することが求められます。「介護する人」の視点に立てば、「介護」は「身体」を使った「介護作業」と、「知識の修得」「感情の発生」という「心の動き」が合体したものであり、「介護」を「身体」と「心」の双方から捉えることにつながります。

先に述べた「介護の三層構造」に即してみれば、「介護作業」は「肉体労働」、「知識の修得・スキルの向上」は「知識労働・頭脳労働」になり、「感情」「心の交流」は「感情労働」として捉えられます。戦略としての「身体介護偏重からの脱皮、心の

図23 「近代的西洋医学」と「これからの医学」

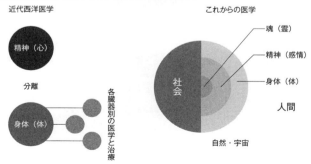

介護の重視」とは、「肉体労働としての介護作業」だけにこだわるのではなく、「知識労働・頭脳労働としての知識の修得・スキルの向上」「感情労働としての心の交流・心の介護」を強化していくことになります。

　図24は「介護する人」と「介護される人」の関係を表したものですが、「介護する人」は、身体を使った「介護作業＝行動」を行い、そこから「知識の修得・スキルの向上」によって「介護」についての「認識」を深めます。それと同時に「介護作業」という身体活動は「感情」を伴い、その「感情」は「介護」についての「認識」の深まりによって変化し、それが新たな「介護作業＝行動」に結実します。「介護される人」も、「介護作業」を受ける中で「介護」と「介護者」についての「認識」を深め、様々な「感情」を抱きます。

　「介護」によって「介護される人」の安心・安楽の満足感が高まれば、それが身体的状況の改善につながります。そこから「介護する人」への感謝の気持ちが生まれ、それを「介護する人」に伝えれば、「介護する人」の喜び・満足感となります。「愛情

図24 介護者と要介護者の関係（心の交流）図

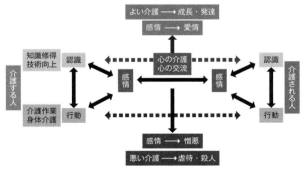

という感情が生まれ、互いの信頼関係が構築されます。「介護する人」と「介護される人」の間に「愛情」によって結ばれた「絆」が生まれ、強固になっていくのです。それが「よい介護」とされるものです。

逆に「介護作業」が「介護される人」に不快感を与え、不服の感情を呼び起こすと、「介護する人」にとって「介護作業」は苦痛で不快に感じられます。ストレスがたまり、「介護される人」への暴力・虐待になる場合もあります。それが「悪い介護」となりますが、「よい介護」と「悪い介護」の関係は流動的です。日々の「介護」によって「よくなる場合も、悪くなる場合も」あるのです。

ここで重要な意味を持つのが、「感情」です。「介護する人」は、「介護作業」によって「介護される人」に安心・安楽という満足感を得てもらわねばなりません。そのために相手の感情を尊重し、自分の感情を抑制しなければならない事態が度々生じます。それが「介護する人」のストレスとなり、蓄積されます。それは「介護される人」にも当てはまる現象です。「介護する人」に気を遣い、自分の感情を抑え込む場合がよくあるからです。

相手の「感情」に働きかけて「適切なものに変える」ことは「感情労働」と呼ばれます。それは1980年代頃から注目されるようになった概念であり、「肉体労働」「知識労働」が中心であった産業社会が「対人サービス産業」に中心を移していくようになった状況から提起されたものです。即ち「対人サービス業」では、顧客に「よい感情」を抱いてもらうことが売り上げの増加・利益確保に必要であり、そこでは従業員に自分の感情を「抑制」「管理」することが求められるからです。

「感情労働」とは「相手の中に適切な精神状態をつくり出す

ために、自分の感情を促進させたり、抑制しながら、自分の外見(表情や身体的表現)を維持することを要求する労働」と定義されています。この「感情労働」が求められる職業とされているのが、一つは「航空会社の客室乗務員」や「レジャー施設のスタッフ」さらに「営業職」などであり、もう一つが「看護」や「介護」さらに「教育」に関わる労働となります。

　前者の場合、相手との関係が短期的・一時的であり、うわべの表情や身振りで対応する「表層演技」が求められます。これに対して後者では、相手との関係が長期的であるうえに、自分の本当の感情に働きかけ、内面から感情を表出する「深層演技」が求められるとされています。認知症の介護では、確かに「演技」のような対応が求められるので、「感情労働」と捉えることができます。しかし、それには賛否両論があるようです。

　なぜなら、「介護」や「看護」「育児」「教育」では、相手の「生きる意欲」あるいは「学ぼうとする意欲」を引き出すことが目的とされ、それは「人間としての自分と相手の成長」・「自己実現」につながるものになります。それは「演技」の範疇を超えたものであり、売り上げの増加・利益獲得に向けた「表層演技」の「対人サービス」と同じレベルで論じられることに抵抗があるからです。特に「介護」や「育児」は、生活の一部として行われることでもあるので、営利目的の「対人サービス業」と同じレベルで扱うべきではありません。

　しかし「相手の感情を適切なものにすること」やそのために「自分の感情をコントロールすること」は、日常生活でも行われており、社会生活を営むために必要な能力の一部でもあります。「介護する人」と「介護される人」の「心の交流」「心の介護」のために役立つ面も多くあります。そこで、私の「介護」

体験の中から「心の介護」について考えていることを述べてみます。

　私の妻は、38年前にくも膜下出血で倒れ「障害者」となりました。出血した場所が脳の奥深いところだったので、手術はできず、再発の可能性があるのでリハビリも許されません。左半身のマヒが残り、教師という仕事を辞めざるを得ませんでした。当然、妻はひどく落ち込み、「家族に迷惑をかけるだけの自分は生きていても仕方ない」と口走るようになりました。「介護される人」になると、自分に自信を失い、「生きる意欲」を喪失し、「介護する人」に引け目を感じ、萎縮して服従するようになったのです。

　そんな妻の姿を見て、私は元気を出すように励まし続けました。やがて妻は元気になりましたが、今度は「自分は病気であり、障害者なのだから」とわがままになっていきました。家族に遠慮し「萎縮・諦め」であった妻が、今度は家族に「依存・甘え」て女王様のようにふるまうようになったのです。この「萎縮」と「甘え」の間を妻は揺れ動くようになったのです。この妻の二つの姿は、いずれも元気であった頃の妻とは異質なものでした。

　それは、教師という「生きがい」を失った妻の苦悩する姿でもありました。私は、妻が「新たな生きがい」が見つけるために、妻が関心を示しそうな本を買い、図書館や本屋などに妻を連れ出しました。また、妻が友人と会う時は車での送迎も積極的に引き受けました。その結果、妻は「童話」を書くことに興味を抱き、やがて俳句をつくることに「生きがい」を感じるようになりました。妻に「萎縮」も「甘え」も見られなくなり、昔の夫婦の関係に戻ることができました。やがて妻は、私とと

もに「地域づくり」の活動に参加し、手伝ってくれるほどになりました。

　このような私の体験は、今から考えると妻への「心の介護」であり、「介護」による「心の交流」であったと思います。それは先に述べた「介護」の発展過程・段階に沿うものとなっています。それを表したのが**図25**ですが、妻が「萎縮」し「服従」している状況では「抑える介護」となります。やがて妻が「甘え」「依存」するようになると、「与える介護」になります。しかし妻にとって、どちらも「望ましい」「幸せ」とは思えません。だから私は、妻が新たな「生きがい」を見つけ、自立し、以前のような対等平等な関係になることを目指したのです。それが、結果として「引き出す介護」となりました。

　一般の「感情労働」が目的とするのは、「売り上げの増大・利益の確保」です。「仕事介護」も、事業所の経営のことを考えれば、それを無視することはできません。しかし「介護」の本来の目的は、「介護される人」の「幸せ」であり、「人間らしい生活」です。「仕事介護」における「売り上げの増加・利益

図25 「介護」の発展過程と段階

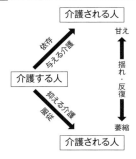
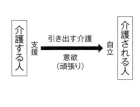

の確保」は、「介護される人」の「幸せ」「人間らしい暮らしの実現」に貢献した結果への報酬にすぎません。大切なことは、「介護」の本来の目的・「心の介護」の実現であり、「感情労働」が「引き出す介護」に貢献することです。

「仕事介護」において、「抑える介護」のレベルであっても「売り上げの増加・利益の確保」に貢献していれば、それが許容されることになります。「与える介護」のレベルであっても、「引き出す介護」へのインセンティブがなければ、そこにとどまってしまいます。「感情労働」の問題点は、それが相手の「感情」をどのように変化させようとしているのかについて関心が向けられていないことです。「感情労働者」の負担について大きな関心が払われる一方で、相手の「感情」や負担についてあまり触れられていません。

問題は「感情」の内容、相手との関係のあり方、それに対する価値評価にあります。「介護」や「看護」「育児」「教育」等は「ケア」と総称されるものであり、それは「他人の幸福や利益を第一目的として行動する利他的行動」と関係しています。つまり、自己の幸福や利益を追求する行為の対極に位置するものです。それは「感情」の中で「愛情」と深く関わるものであり、「愛情」が「介護」を含む「ケア」をレベルアップさせる重要な要素と言えます。そこで次章（第7章）では、その点に絞って考察してみます。

第7章
「愛情」と「心の介護」

1963年の老人福祉法の制定によって日本で「特別養護老人ホーム」が設立されましたが、それはイギリスの「ナーシングホーム」をモデルとしたものでした。ところが日本では、当時から看護師の不足に悩んでおり、イギリスのように看護師を中心とした施設にはできませんでした。批判の声がありましたが、国家資格のない「寮母」という職員を中心に「特別養護老人ホーム」の「介護」が始められました。

　「介護」という日本語すら使われていなかった当時、「寮母」の人たちは専門的な知識やスキルを身に付けないまま「介護」せざるを得ませんでしたが、入所者のことを大切に思い、入所者のためにできることを懸命に探して、「介護」の実践を行いました。その結果、同じ時期につくられた「老人病院」では、患者の多くに「床ずれ」ができていたのに、「特別養護老人ホーム」の入所者にはほとんどできていない等が明らかになり、「看護」とは区別される「介護」の存在・役割が高く評価されるようになったのです。

　「相手の立場になって考え、相手のために自分ができることを考える」ということは、私が若い頃、多くの学生から恋愛相談を受け、その事例から「恋愛論」を語っていたことと同じです。私は、「愛」とは「相手を愛おしく思い、尽くす」ことであり、「恋」とは「相手に恋い焦がれ、求める」ことと捉えています。「愛」は「尽くしあい」であり、「自己犠牲」と「献身」が必要となり、強い人間にならないと「愛する」ことはできない。しかし「恋」は「むさぼりあい」であり、「求める」だけなら誰でもできるのです。

　「好きになりました」「愛しています」という学生に、私は「愛しているのなら、相手に必要とされる人間になれ、それが愛す

ることだ」と助言していました。相手の「幸福と利益」を考え行動している間は、「愛されたい」という自分の欲望・願いは抑制しておかねばなりません。ところが多くの学生は「愛している」と言いながら、ただ「愛される」ことを願って求めているだけです。つまり「恋している」だけなのです。

　互いに「求めている」ことが一致した場合、恋愛になりますが、長く付きあっていると、必ず「求めている」ことが違ってきます。その際、自分が我慢して相手のために「尽くす」ことができるかどうかが大切です。それが「愛する」ことであり、それができなければ、簡単に別れてしまいます。それを繰り返しているだけの「恋愛」が多いのです。つまり「求めている」だけであり、「尽くす」ことをしないのです。

　その典型が「ストーカー」です。「愛している」と言いながら、相手に付きまとい・傷つけて平然としている。相手の気持ちを考えない、相手の痛みを自分の痛みとして感じられない、「共感能力」が著しく低いのです。自分の欲望・欲求の充足だけを求めて、相手を探し求めている。それを恋愛だと信じている。つまり「愛する」ということを知らない。「愛する」能力が欠けている。絶えず「恋している」が、「愛した」ことはないのです。

　戦前、日本は国家に対する「自己犠牲」と「献身」を強要されたために、誰かのために「尽くす」ことに抵抗感を持っています。戦後、自己の欲求・欲望の充足のみを追い求めることが「正しい」ことであり、社会的に称賛されてきました。その結果、蔓延してきたのが「自己中心主義」です。自分の「幸福と利益」のみを排他的に追求し、自己の利害には過敏に反応するが、他人の「幸福や利益」には鈍感という人間が多く生まれたのです。

自分が傷つくことには敏感に反応するが、他人が傷つくことには鈍感です。「共感能力」が低く、それが「いじめ」という問題を多く発生させています。「愛する」ことをしないで、「愛されたい」と願うだけの学生の恋愛の実態、それは「自己中心主義の蔓延」という社会の風潮から生じた現象であり、「自己の利益を排他的に追求していても、社会の需給バランスは保たれる」という「市場経済の原理」に沿うものです。

　しかし恋愛は、「生命の生産と再生産」を担う「家族」を構築する最初の一歩です。「求めている」だけでは、「生活」は成り立たない。「尽くす」という行為が必要であり、それを学び、その能力を身につける第一歩が、恋愛だと思います。若者も、親に「愛され、尽くしてもらうこと」で成長できたはずです。しかし多くの若者は、「愛され、尽くされる」ことを当然と思い、「愛する・尽くす」ことをしようとしない。だから私は学生に「愛する」ことの大切さ、必要性を説いたのです（**図26**）。

　この考えは、私の恋愛体験に基づくものです。私が妻と出会ったのは、大学一年の時でしたが、一目ぼれしてしまいました。

図26 「ケア」の根源・出発点としての「愛」

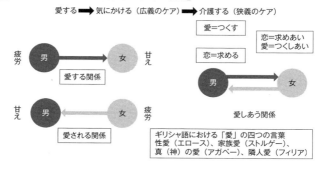

「好きだ」と告白しましたが、断られました。その時、私は「彼女を愛しているのであれば、彼女のために自分ができることを全力でやるべきだ」と自分に言い聞かせました。教師志望であった彼女のために、必要な情報を集め、彼女に提供していました。自分の恋心を封印して、彼女に尽くすことは苦痛でしたが、それに耐えることが「愛情」だと信じていました。

　やがて私は、その苦痛に耐えることができなくなり、彼女をあきらめる決意をしましたが、今度は逆に彼女が私を好きになったと告白してくれたのです。それから50年以上経ちますが、障害者になり、寝たきりの認知症の妻への「介護」は、その頃からの彼女への「感情」から普通に行われていることです。彼女への「愛情」が「介護」となっただけです。「愛情」があれば誰でも「介護」できますし、「愛情」が持続していれば「介護」のレベルも高まっていきます。それは、私の「介護」体験からの実感です。

　英語では「愛」と「恋」は同じ「Love」となりますが、ギリシャ語では「性愛・家族愛・真(神)の愛・隣人愛」の四つに分かれます。ところが日本では、「愛」は「強いものが弱いものを可愛がる」「愛(め)でる」という使われ方がされており、キリスト教を布教する際、「真(神)の愛」がうまく説明できず、「御身大切」という言葉を使ったそうです。この言葉は、「あなたのことが最も大切である」という意味であり、「介護の心」になるものです。

　現代日本の社会には、「介護」とは相反する風潮が蔓延しています。「愛情」を媒介とする家族や地域での人間関係が希薄化し弱体化しており、それが「介護力」の低下となって顕在化しています。「権力」を媒介とする「政治」、「金銭」を媒介と

する「経済」は肥大化・巨大化しているのに、「愛情」を媒介とする「生活」の弱体化は進行しています。「新しい介護文化の創造」は、「愛情」を媒介とする人間関係・社会関係を強固にすることによってしか実現しないと思います。

そのためには、個々人の「愛する」力・能力を高めることが必要であり、「介護する」ことで「愛する」力を身につけるべきです。「愛」は「介護する心」になりますが、「恋」は「介護する心」にならないからです。子どもは親の愛情で育ちますが、家族や地域社会での「助けあい」が「愛情」を育てます。「愛情」がなければ、家族も地域社会も崩壊してしまいます。「介護」は「愛情」によってなされるものですが、その「介護」は「愛情」も育みます。

ただ問題は「愛情」は「感情」であり、深くなったり希薄になったりして、揺れ動くものです。それが「消えて無くなる」こともあります。それを、いかに持続させるのかが課題となります。それを表したのが図27ですが、「愛する」という「感情」

図27 「持続する愛情」と「持続しない愛情」

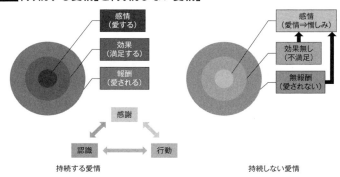

は「行動」につながり、そこで「効果」があれば「満足感」を得ることができます。さらに「報酬」として「愛される」ことが実感できれば、「愛情」は持続し深まっていきます。

　ところが「愛情」があっても、満足のいく「効果」が感じられないこともあります。「愛されない」という「無報酬」になることも、当然、出てきます。すると「愛情」は消え、それが「憎しみ」に変わる場合も出てきます。「愛情」という「感情」だけでは持続しないのであり、それが「行動」に移され、「効果」を上げ「報酬」を得ることが持続に必要です。「介護」も同じです。「介護」による「効果」と「報酬」が、持続に必要です。

　私の妻への「介護」は、「愛情」という「感情」に根差したものであり、妻がひとりの人間として自立して生きることを支援しようとするものです。妻の立場に立って、妻が「願う」こと、「幸せ」と思うことを実現しようとする「感情」です。そこでは、自分の「感情」より、妻の「感情」が大切にされます。しかし、それが妻に伝わらない場合もあります。「行動」が、妻の幸せにならないこともあります。その際、「行動」の結果を冷静に分析し、改めることをせねばなりません。その中で「感情」も点検が必要となります。

　家族であれば、「愛情」を持って「介護」するのが当然です。しかし実際の「介護」を行うと、それが相手のためにならないことも出てきます。同時に「愛情」が本物なのか、どれだけ強いかどうかが試されます。本当に「相手の幸福や利益を第一目的としているかどうか」が試されます。「愛情」と思っていても、結果として自分の「欲望や欲求の充足」だけに終わる場合もあります。

　「愛情」とは「感情」であり、揺れ動きます。そこで社会では、

制度をつくり、規範を定め、外から評価しようとします。それを示したのが、**図28**です。「愛情」を固定するために、「愛情とは、このようなものである」という「規範（意識）」を定め、「結婚」という制度をつくります。さらに「社会評価」で監視します。「愛情」という「感情」が希薄になっても、「規範」や「制度」「社会評価」は変わらないので、「感情」は「苦痛」に変わります。

　「家族介護」においても、本来は家族の「愛情」の下で行われるべきなのですが、「規範（意識）」や「制度」「社会評価」に縛られると、「介護」に歪みが生じてきます。例えば「親の介護は子どもの責任」「介護は女性の仕事」という「規範（意識）」に縛られると、「家族介護」であっても「愛情」は希薄となり「苦痛」になってしまうのです。「仕事介護」の場合も、最初は無資格の「寮母」の「愛情」に基づいて行われていても、「介護福祉士」という資格ができて、制度の下で評価されるようになると、「愛情」が希薄になっていきました。

　しかし「規範（意識）」や「制度」「社会評価」をなくしてしまうと、「感情」は揺れ動き、「行動」は無秩序・奔放となり、結果・成果を出しにくくなります。「規範（意識）」や「制度」「社

図表28 「愛情」を固定するためのシステム

会評価」は、「感情」に左右されず、一定の成果を出し続けるために必要ですが、「感情」を無視すると硬直化し、成果も出にくくなります。「感情」としての「愛情」は、それに基づく「行動」の「効果」と「報酬」によって持続するものです。「介護」の場合、その「効果」と「報酬」は、「介護する人」と「介護される人」の互いの信頼関係の下で検証されると思います。

　「家族介護」を考える場合、家族の中でも「愛情」は異質多様であり、変化していくことを認識しておくべきです。まず家族の中で「血縁」であるのは、親子関係だけです。親子は縁を切ろうとしても切れません。しかし夫婦は、別れてしまえば他人に戻ります。**図29**で示しているように、夫婦は「性愛（男女愛）」から出発しますが、生活をともにしていく中で「情愛（生活愛）」を育んでいきます。高齢になると、それは「慈愛（人生愛）」に変わっていきます。

　これに対して親子関係では、親と子どもの力関係が大きく変わっていくことが特徴となります。まず子どもは、親の家族の中で生まれ育ちます。「子育て期」は、親の圧倒的な優位性が

図29 ライフステージと夫婦愛の変遷

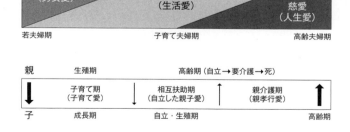

特徴となりますが、子どもは親の庇護の下で「無償の愛」によって育てられます。子どもが成人になると、親の家族から別れて、自分の家族を形成します。親と子は、互いに自立した対等平等な関係になり、「相互扶助期」に入ります。親が高齢になると、子の力が優勢な「親介護期」となりますが、親と子が別な家族であることに変わりはありません。

　親子の「愛情」は、生物的本能に規定される面があり、両者の力関係も大きく変わるために、「ゆるぎない」という面と「大きく揺れ動く」面の両面があります。これに対して夫婦の「愛情」は、最初は育ってきた環境の違いを埋めていくことから始まり、長い生活の中での苦労をともにすることで育てていくものとなります。その「育ち具合」によって「愛情」は大きく異なり、個別に多様多彩となります。

　「介護」は、それまでの親子関係・夫婦関係の積み重ねの中で開始されますが、その関係性・「愛情」の度合いが、「介護」の内容を大きく規定することになります。また夫婦・親子の関係即ち「絆」・「愛情」は、「介護」によって深まることも、切れてしまうこともあります。「介護」における「感情」が占める部分の大きさが「家族介護」の特徴であり、それを安定させるためには「介護作業」「知識の修得・スキルの向上」が必要となります。

　これに対して「仕事介護」では、「介護する人」と「介護される人」の間の「感情」はゼロから出発します。しかし「介護」していく中で、様々な感情が湧いてくることは避けられません。その際、相手の「感情」を尊重し、それに寄り添うことが求められ、自分の「感情」は抑制せねばなりません。これが「感情労働」としての「介護」の特徴ですが、その「感情」を「愛情」

に高めること、維持し続けることには抵抗があるようです。むしろ個人的感情としての「愛情」は、厳しく抑制されているようです。

　それは「介護」が「家事」や「育児」と同類の「愛の労働」とみなされ、金銭的報酬のいらない「無償労働」とされることへの強い抵抗感があるためです。しかし「愛」は「感情」であり、それが持続するためには「効果」と「報酬」が必要なのはすでに述べたとおりです。「無償の愛」を提供し続けられるのは、神様だけです。生身の人間が人を「愛する」と、自己の欲望・欲求を抑え込むことで苦しみ、傷つきます。

　それに耐えることができるのは、「愛される」という「報酬」が得られた時です。それは金銭的なものでなく、笑顔だけで満たされる場合もありますが、それだけでは「愛」を持続させる力になりません。また、その「報酬」は「愛する人」から請求されるものでもありません。「愛された人」が「感謝」の気持ちとともに差し出すものです。「愛された人」が「愛してくれた人」を「愛する」のであり、「愛しあう関係」が構築することで「愛」は持続します。

　「愛してくれた人」に感謝の言葉を伝えるだけでよいと思う人は、「愛してくれた人」の気持ちがわかっていないのであり、「愛される」ことを当然と思い、それに「甘え・依存」しているだけです。家事・育児を押し付けられた女性に対して、男性が当然だと思うのは、「家事・育児を担う女性のことが理解できていない」「その女性に気を遣っていない」「愛していない」ことになります。昔の家族であれば、それを規範・制度・社会評価で維持できたかもしれませんが、「愛情」を媒介とする現代の家族では通用しません。

家族の「介護力」が低下したのは、「介護」の負担が質・量とも過重になったことによりますが、それを平等に分かちあえない家族の中での「愛情」の希薄化にも原因があります。「仕事介護」が低下した家族の「介護力」を補うだけであれば、それは家族の「介護力」を一層低下させ、家族の機能・役割を縮小することで、家族の「解体」「消滅」につながっていきます。また「仕事介護」が「家族介護」が担っていた部分をすべて受け持つことは不可能です。

　「感情労働」としての「介護」の研究は、もっぱら「介護労働者」の精神的負担・疲労に重点が置かれ、「組織的な感情管理体制の構築」によって問題解決は可能とされています。そこでは「感情労働」の対象である「介護される人」の「感情」は問題にされていません。むしろ「介護される人」やその家族によって「介護する人」が精神的に苦しめられていることが強調されています。これでは、「介護する人」と「介護される人」の間の「愛情」に基づく「信頼関係の構築」は不可能です。

　「抑える介護」の時代は「介護される人」の精神的苦痛・疲労が顕著であり、「与える介護」の時代になると「介護する人」の精神的疲労・苦痛が大きくなっています。しかし「引き出す介護」が目標となっている現代、「介護する人」と「介護される人」の関係は対等平等でなければなりません。しかし両者の関係において「介護される人」に心身の機能面でハンディキャップがあることは事実です。それを対等平等なものにしていくためには、人間に対する評価尺度を変えなければなりません。

　図30は、それを表したものです。人間は「成長期」には「身体能力」は発達を続けますが、「老化」や「病気」によって「身体能力」は低下していきます。「介護される人」は、昔と比較

して、元気だった頃と比較して、他人と比較して、今「できない」ことに悩んでいます。そのことで自信と誇りを失い、自己否定感情を増幅させているのです。「介護する人」も、同じ視線で「介護される人」を見つめ、「憐れみと同情の眼差し」で「介護」します。

しかし「身体能力」ではなく、その「活用率」で見ると、決して低下していません。今、自分の置かれた状況と自分がやれることを考えて、やろうと努力することはできます。そのために「介護」「支援」を利用すべきです。その努力をしていれば、「介護されている」からと、自分を卑下することはありません。「介護する人」も、その努力を見れば、「哀れみや同情」ではなく、「尊敬」の眼差しを向けるようになります。「介護する人」は、「何ができないか」ではなく、その状況で「何ができているのか」で評価すべきです。

それが「自立支援」であり、「引き出す介護」が目指すもの

図30 人間の「身体能力」「人格(精神力)」の増減と「能力の発揮率」

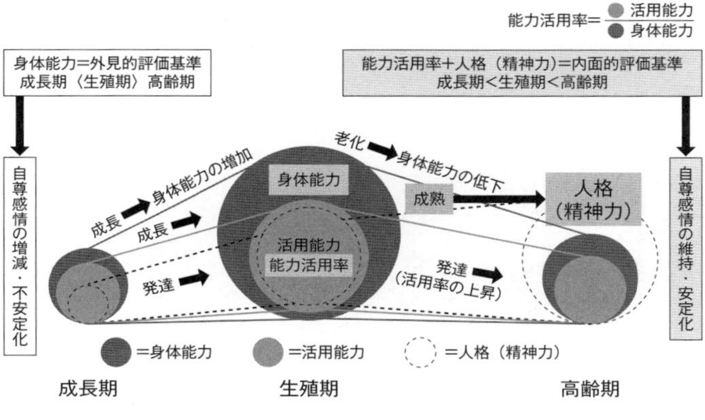

です。私の妻も、「寝たきり・認知症」になっても、自分ができることを一生懸命探っています。そのように妻を理解できるようになったのは、妻の病気について、「認知症」について多くの知識を得たからです。「介護」における「感情」は、「介護作業」や「知識の修得・スキルの向上」の中でも変わっていきます。

　妻が四度目の「くも膜下出血」で「寝たきり・認知症」になると、最近の記憶がすっかりなくなり、私には理解できない言動が目立つようになりました。妻の変わりように戸惑い、苛立ち、「介護」に喜びも感じられなくなりました。しかし認知症について調べ学ぶ中で、妻の言動も理解できるようになりました。「頭がおかしくなった」と感じていたことが、「頑張ろう・生きようとしている」と感じるようになったのです。

　「家族介護」には、金銭的な報酬はありません。「家族介護」にとって報酬は、「介護されている家族の笑顔」であり、「家族との絆の深まり」です。私も、妻を「介護」していて、妻から「感謝される」、妻が「笑顔になる」ことで、すべての疲れがなくなっていきます。「愛する妻を介護する喜び」を実感できます。妻の笑顔に「愛する人に介護されている幸せ」を感じることができます。

　私は、妻を「介護」していて他人から「同情」の言葉をよくかけられます。しかし私は、妻の「介護」をすることで、妻から「元気」をもらっている感じです。妻を見ていて、自分も頑張ろうという気になります。人間の価値は、他人との比較ではなく、置かれた状況の中で、どれだけ頑張っているかでなされるべきです。「介護」は、そのことを私に教えてくれたのです。

第8章
「地域包括ケアシステム」と世代間の連携・交流

「地域包括ケアシステム」とは、「重度な要介護状態になっても住み慣れた地域で自分らしい暮らしを人生の最後まで続けることができるよう、医療・介護・予防・住まい・生活支援が一体的に提供される」ものとされています。それは「団塊の世代が75歳以上となる2025年を目途に」構築しようとするものであり、「地域の自主性や主体性に基づき、地域の特性に応じてつくり上げていくことが必要」とされています。

　この「地域包括ケアシステム」では、「医療」「介護」「予防」「住まい」「生活支援」が構成要素とされ、その関係は**図31**のように表されています。まず「本人の選択と心構え」があり、その上に「住まいと住まい方」が位置します。その中には「生活支援・介護予防」があり、そこから「医療・看護」と「介護・リハビリテーション」「保健・福祉」という三つの葉が「専門的サービス」として提供されます。

　さらに、この「地域包括ケアシステムは、その費用負担によって「自助」「互助」「共助」「公助」の四つに区分されています。

図31 地域包括ケアシステムの構成要素

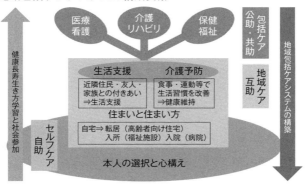

「公助」とは「税による公の負担」であり、「共助」とは「介護保険などの制度による負担」、「互助」とは「制度的に裏付けられていない自発的なもの」としての「相互の支えあい」となります。そして「自助」とは「自分のことは自分ですること」であり、そこに「市場サービスの購入」も含まれます。

　この四つの関係は、時代や地域によって違っており、都市部では「互助」が難しい状況にありますが民間サービス市場からの購入は容易であり、逆に都市部以外では市場からの購入は限られるものの「互助」の役割は大きい、時代状況としては、今日の少子高齢化や財政状況から「共助」「公助」の拡充は困難であり、「自助」「互助」の果たす役割が大きくなるとされています。

　「地域包括ケアシステム」における「専門職」と「地域住民」という二つの主体は異なった存在であり、その「力」の発揮も異なるアプローチが求められます。実際、欧米では、専門職間

地域包括ケアシステムとは

日本で用いられている地域包括ケアには、二つの独立したコンセプト：Community-based care（地域を基盤としたケア）とintegrated care（統合型のケア）がある。近年、この二つの方針をケアの中で統合させて組み込もうという議論が世界的に活発化している。

Community-based care	integrated care
・Community-based careには、地域の健康上のニーズに応えるという点から運営されるという性質がある。 ・さらに、これは地域の特徴、その地域独自の価値観などにあわせて構築することができ、それは、一定レベルの住民による「地域参加」によって保障される。	・integrated careには、医療ケアにおける分断の減少や異なる組織のサービス提供の間の継続性や調整を高めるという目的を持つ体制と定義できる。

1) T.Plochg, NS, Klanzinga：Community-based integrated care:myth or must? International Journal for Quality in Health Care 14：91-101：2002
2) T.Plochg：Building a Tower of Babel in health care? Theory&practice of community-based care, International Journal of Integrated Care.6, e21：2006

の連携は「integrated care」の範疇に属するものとされ、地域住民間の連携は「community-based care」とされ、異なるコンセプトとして扱われてきました。それを日本の「地域包括ケアシステム」では、一つにしようとしているのです。

「integrated care」とは、WHOの定義によれば「診断・治療・ケア・リハビリ・健康促進などに関するサービスの投入・提供・管理・組織化をまとめて一括にするコンセプト」とされています。そこでは、患者に対する治療（キュア）から看護・介護（ケア）、さらに機能回復のためのリハビリまで、切れ目ない継続的なサービスの提供が重視され、そのサービス提供者は医師や看護師・介護やリハビリ等の専門職となります。

それは「病院」の中でサービスを提供していた専門職が、地域に出かけていくことで提起されたものです。これに対して「community-based care」は、「地域」という限定された空間の中で、そこで生活する住民が担うものであり、「integrated care」が提起される以前から取り組まれていたものです。両者は、明らかに異なるコンセプトであり、それは「医療」「介護」と「生活支援」の違いを生み出すことになります。

ただ、この二つのコンセプトは切り離せるものではなく、近年、国際的にも結合させる必要性が認識され始めています。オランダでは、それを先駆的・試行的に事業実施しているようですが、その評価は定まっていません。日本で提起されている「地域包括ケアシステム」は、最初から二つの異なったコンセプトを統合させようとしており、それが成功するかどうかは国際的にも注目されているようです。

専門職による「包括ケア」は「公助」「共助」として提供されますが、本人・家族・住民による「地域ケア」は「自助」「互

助」が求められます。特に個人の責任・努力に基づく「自助」が基本とされ、そこでできないことを「互助」「共助」「公助」が補うとなっています。しかし問題は、**図32**のように「自助」「互助」「公助（共助も含む）」が切り離されると、「自助」なき「互助」「公助（共助を含む）」が「依存・甘え」を生み、さらに「支配・抑圧」「分裂・敵対」へ転化する可能性が出てくることです。

つまり「自助」でできないことを「互助」の責任とすれば、「互助」の段階では「自助」は何もしないことになります。同じように「互助」ができないことを「公助」がすれば、「公助」がすべての責任を負うことになります。その結果、「自助」はできる範囲のことをやり、できないことはすべて「互助」「公助」に依存してよいことになります。このような「依存・甘え」は、当然、「支配・抑圧」や「分裂・敵対」に転化する危険性を持ちます。

「自助」「互助」「公助（共助も含む）」の関係は、「自助」を「核」として包み込むように位置付けられるべきです。「自助」は「互助」へ参加すると同時に「公助」への要求も行うべきです。「互

図32「自助」「互助」「公助（共助も含む）」の関係性

助」は「自助」への支援と同時に、「自助」の責任も追及すべきであり、「自助」を促すべきです。同じように「公助（共助も含む）」は、「自助」「互助」の支援と同時に、その責任も追及し、「自助」「互助」も促すべきです。

　これを「介護」の問題に置き換えると、「家族介護」ができないことを「仕事介護」が行えば、家族は何もしなくてもよいことになり、「仕事介護」への全面依存は、家族・地域の「介護力の低下」を促進します。家族でしかできない・家族の責任としてやるべき「介護」があり、それを「仕事介護」が奪ってはならないのです。「公助」「共助」としての「仕事介護」は、「自助」「互助」としての「家族介護」「住民による生活支援」を促すべきであり、それも「仕事介護」の責任とすべきです。

　それが「自助」を「核」とした「互助」「公助・共助」との連携であり、「互助」による「自助」の支援、「自助」「互助」を促す「公助・共助」こそ必要なのです。「自助」を「核」とすることは、個人の責任と同時に「人間としての尊厳」を尊重するからであり、国家の責任としての「公助」の役割を軽視することになりません。「自助」とは、個人の「責任」であると同時に「権利」でもあるのです。

　これまで「自助」が困難と判断されると、「公助・共助」の責任とされ、個人の自発的判断や「人間としての尊厳」が無視・軽視される傾向がありました。しかし「公助」と「自助」は両立できるものであり、「公助・共助」の中でも「自助」は尊重されるべきであり、「公助・共助」への要求や「互助」への参加も、「自助」の一部とすべきです。この関係を高齢者の視点から整理してみると、**図33**のようになります。

　中心に当事者である高齢者が位置付けられ、「自助」の責任

と努力が求められます。この高齢者の「自助」を「下から」支えるのが「家族」であり、「上から」支援するのが「福祉行政」となります。それはまた、地域住民による「生活支援」と、専門職による「医療」・「介護」のサービスによってもサポートされます。高齢者自身の「自助」を「互助」と「共助」「公助」が取り囲み支援する形となります。

　その際、留意すべきことは、専門職主導の「包括ケア」と家族・住民主導の「地域ケア」の「介護」に対するアプローチ方法の違いです（図34）。「医療・看護」の延長線上の「仕事介護」は、問題が発生し、それが深刻であればあるほど積極的に対応します。「要介護度」が高いほど、「仕事介護」の役割は大きくなります。それは「外部介入型対応」と名付けられます。これに対して「日常生活」の一部としての「家族介護」「生活支援」は、それまでの生活・人間関係の積み重ねの中で問題に対処します。それが「積み上げ型対応」となります。

図33 「自助」の視点から見る「互助」「公助」「共助」

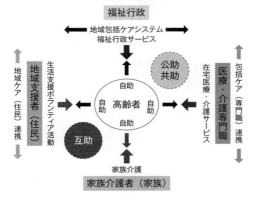

現在、「地域包括ケアシステム」構築の取り組みが全国で展開されていますが、「包括ケア」としての医療・看護・介護の専門職の連携・活動が先行・先導しており、地域での住民の「自助・互助」の活動の遅れが目立っています。そこでは地域で生じた問題解決のために、外から医療・看護・介護の専門職が入り込み、その活動に民生委員や町内会・自治会の役員が協力するという形になっています。

　専門職によって「介護される人」は、非常に弱い立場に置かれます。病気や障害によって自己主張が十分にできないため、専門職に依存・服従するしかありません。その時、家族や近隣住民が傍にいて、本人の意向・意思を専門職に伝えてくれれば心強いのですが、ここでは専門職の協力者となってしまいますから、「介護される人」は皆から責め立てられているかのように感じてしまいます。だから「介護」「治療」が必要と判断さ

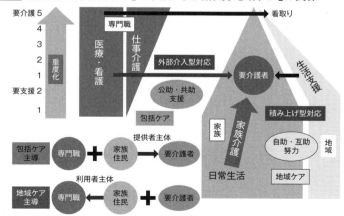

図34 専門職主導「包括ケア」と家族・住民指導「地域ケア」の関係

れるのを恐れて逃げ回ることになります。

「地域の絆を福祉が壊す」という言葉が地域でささやかれています。「福祉施設に入ったり、介護・福祉サービスを受けるようになると、それまでの地域のつながり・付きあいが断たれてしまう」という住民の実感が、この言葉に込められています。家族間・住民間の「絆」が希薄になっているのは事実ですが、それを補うための専門職による様々な支援が、その「絆」を強めるのではなく、逆に弱めているのではないかという問題です。

「公助」「共助」が「互助」「自助」を妨げている。「公助」「共助」が、支援される立場の人の自立を妨げ、地域社会を「支援する人」と「支援される人」に分断し、対立を引き起こしているという懸念が広がっています。実際、社会的弱者対策として実施されてきた農業政策や過疎地域対策等は、いずれも自立させる成果を上げていません。行政への依存を深めるだけであり、それは福祉政策にも共通しています。「包括ケア主導」の取り組みも同じです。

今、求められるのは「自立の促進・支援」です。そのためには「地域ケア主導」に転換しなければなりません。「介護される人」は、家族や近隣住民の支援があって初めて専門職と対等な立場に立てるのであり、家族や近隣住民は専門職の手先になるのではなく、「介護される人」の立場に立って、専門職から提供されるサービスを利用することを心がけるべきです。それは問題が発生してからできることではなく、それ以前からの付きあい、両者における助けあいの関係が構築されていなければなりません。

助けあいの組織として、家族には「血縁」、地域は「地縁」で結合されていましたが、それは必ずしも「愛情」を媒介とする

ものではありませんでした。家族も、地域も生産の組織・単位であり、そこに所属しないと生活していけなかったからです。現代の家族は、生産・仕事から切り離され、消費の組織となり、家族の規模も機能も縮小しています。「愛情」というものが家族をつなぎとめる唯一のものとなっていますが、その「愛情」すら希薄になりつつあります。

　地域も農業が主産業であった時代と違って、共同作業を必要とすることは減少しました。図35のように現代の地域は、都市の中心市街地と市街住宅地、都市近郊住宅地、農山漁村に分かれており、昔から住んでいる「土着民」と他地域から移ってきた「移住民」が入り混じって生活しています。「土着民」と「移住民」の比率は地域によって異なり、「介護」が必要な高齢者も地域ごとに異なるタイプとなっています。

　「土着民」が多い地域では、「血縁」「地縁」のつながりが残っており、そこでの助けあいも機能します。しかし「移住民」が多数の地域では、「血縁」「地縁」に依存することはできませ

図35 地域社会の社会構造

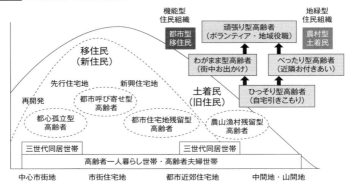

ん。新たな「縁」づくりが必要であり、「愛情」を媒介とした人間関係を構築し、「助けあい」組織として機能させるべきです。そこで私が提案しているのが「ともだち福祉」です(**図36**)。それは「血縁」「地縁」を否定するものでも、それに代わるものでもありません。弱体化した「血縁」「地縁」を「友情縁」というもので補おうとするものです。

　高齢者は、元気な時は外に出かけていって多くの友達をつくっても、元気がなくなると「引きこもりがち」になり、友達との付きあいも希薄になります。そこで友達関係を、元気ではなくなった後も、「助けあいの関係」として持続させようとするのが「ともだち福祉」となります。「家族(血縁)」や「地域社会(地縁)」の関係が強固であれば、「ともだち福祉」の必要性は低くなりますが、都市部や一人暮らしなどで家族や近隣住民との関係が希薄な高齢者・地域住民が対象となります。

　事前に仲のよい友達同士で、安否確認や生活支援の約束をしておき、それを行政に届けておけば支援が得られるというもの

図36「ともだち福祉」推進事業・概念図

です。例えば電話やメールで連絡を取ろうとしたとき、連絡がつかなくて心配な場合、隣の家や民生委員・行政などに安否の確認を依頼できるようにしておきます。そのような仕組みの構築を全市で促し、自助と互助による高齢者の生活保障を行うのです。

第9章

「介護」とは
――愛する心を持ち、
愛する技術を磨き、
愛しあう関係をつくること

人間は「困っている人」を見ると、自然に「助けたい」という気持ちになります。これは、人類が何百万年前から「助けあい」ながら生きてきたという事実から、本能的に生じる気持ちです。それは、自分たちの種が生き延びていくために必要であり、あらゆる動物に見られる「生物学的動機」だそうです。ただ人間の場合、「困っている人」の状況を認識し、「助ける」ために何が必要かということを考え、そこから行動を起こします。

　「助ける」ことが「危険」「汚い」「きつい」と認識すると、「助ける」という行為を行わないこともあります。しかし「困っている人」が家族であり、「愛情」を抱いていれば、「危険」「汚い」「きつい」という「３K」など考えないで行動します。自分のことよりも、相手のことを思いやり、相手のために行動するのです。それは決して楽しいことではありません。それによって自分が傷つき苦しむこともあります。

　でも人を「助ける」ことで、大きな喜びも感じます。相手が「元気になった」「喜んでくれた」「笑ってくれた」ことで、自分が「元気になれる」「楽しくなる」「笑顔になる」のです。自分が「相手に必要とされる存在」になったことが、自分に「自信と誇り」を与えてくれます。今度は、自分が「困った時」に、相手が「助けてくれる」かもしれない。自分に対する「愛情」を相手から感じられ、「愛し、愛される関係」になったことを実感します。それが、生きていく「勇気」と「力」になります。

　これは、私の「介護」体験からの実感でもあります。「介護」とは、「愛する人」を「助けたい」という気持ちから始まり、「愛する」ために様々なことを考え、様々なことを行い、そのことによって「互いに必要な存在であること」＝「愛しあう」関係であることを確認するのです。「介護」によって強くなり、た

くましくなり、互いの関係は強固になる。互いに人間として成長できる。

　しかし「介護」を、このように感じ捉えている人は少ないと思います。これまで多くの人は「介護」を「必要だが、関わりたくない」と思い、「無視」「忌避」「嫌悪」してきました。「介護」の仕事も「３Ｋ」として敬遠されています。でも「介護」を体験した人の多くは、「介護」に「喜び」や「楽しみ」も感じています。「３Ｋ」と言われながら多くの人が「介護」を仕事に選び、働き続けています。それは「介護」に、人を引き付ける「何か」があるからです。

　「介護」は、誰にでもできます。しかし「よい介護」をしようとすると、誰でもできるものではありません。料理と同じです。空腹を満たすだけであれば、誰もがその気になれば、料理はできます。しかし「美味しいもの」をつくろうとすると、「専門的な知識と高い技術」が必要となります。それは際限のない深さと広がりを持っており、素人が近づけない「プロフェッショナルな世界」となります。

　「介護のイメージアップ」に最も熱心に取り組んでいるのは、「人材不足」に悩む介護業界です。しかしそこでは、「介護」の「社会的必要性」と「専門性」が強調され、それを「待遇改善」の根拠としています。ですが、それだけであれば「介護」は「身近で、誰でもできるもの」ではなくなってしまいます。「介護」の「つらさ」「苦しさ」のみが強調され、人々を「介護」から遠ざけてしまいます。「介護」の「喜び」や「楽しさ」を体験できなくなります。

　「介護作業」は形だけを見れば、プロの「仕事介護」と素人がやる「家族介護」は同じです。しかし、その効果・成果は、

プロと素人では大きな違いが出てきます。ほとんどひとりを相手とする「家族介護」に対して、「仕事介護」は多数を相手に「介護」します。「専門的な知識とスキルのレベル」では「仕事介護」と「家族介護」には大きな違いが出てきます。しかし「介護」に対する「思い＝感情」では、「愛情」が推進力となっている点で大きな違いはありません。

　「介護」の目的の一つは、「介護される人」に安心・安楽という幸福感を感じてもらうことです。「介護」の中で「愛されている」ことを感じると、やすらぎを得て元気になります。「よい介護」に「愛情」という「感情＝心」は欠かせません。ただ「愛情」という「感情」だけでは、「介護」はできません。「愛情」という「感情」によって「介護作業」という「行動」が行われ、それを通じて「愛情」も相手に伝わるのです。

　それが「伝わっているかどうか」、「介護作業」が「効果をもたらしているかどうか」を点検するのも、「介護」の一部です。それは頭を使う＝「思考」という作業になります。それによって「介護」への「認識」が深まり、それが「行動」に活かされます。それはまた「感情」にも影響を及ぼします。この「感情」「行動」「認識」の相互作用の中で「介護」が行われますが、「感情」の中での「愛情」を維持することは容易ではありません。

　「行動」の中で高度なスキルが求められ、「認識」として難解で専門的知識が必要とされるようになると、「介護する」ことが苦痛になってきます。心身の疲労が蓄積していくと「愛情」が「憎悪」に変わる場合も出てきます。「憎悪」という「感情」で「行動」が起こされると「虐待」「殺人」まで引き起こす可能性も出てきます。「介護の心」としての「愛情」は、言葉として言うだけであれば簡単ですが、それを保ち続けることは大

変です。

　「愛情」は「無償で持続する」と思う人がいれば、それは「愛する」ことをしたことがない人です。「愛される」ことを当然としてきた人です。「愛される」ことに依存し甘えてきた人です。「愛する」ことの苦しさを知っていれば、その人に手を差し伸べる、その人の苦しさを和らげようという気持ちになるはずです。それが「愛する」という感情です。感謝という気持ちを行動に移す、それが「報酬」となります。

　「愛情」は、「成果」と「報酬」があって持続・継続していきます。「成果」は「愛する人」の責任となる部分が多いのですが、「報酬」は「愛される人」の気持ち・責任に委ねられます。「愛された」ことに対する感謝が「報酬」であり、それは相手を「愛する」ことになります。それを相手に伝える、行動に移すことが必要です。それが伝われば、相手は「苦しさ」や「つらさ」が「喜び」に変わり、愛し続けるエネルギーになります。

　最初から「報酬」を期待して目的にしていれば、それは「愛する」ことになりません。しかし「報酬」がなければ「愛する」ことを続ける力が出てきません。「愛する」ことにとって、「報酬」とは「目的」ではなく、「結果」なのです。「家族介護」においても、「仕事介護」においても、「介護」を続けていくための「報酬」はわずかです。それは「介護」の結果でもあり、「結果」が出なければ「介護」から離れるしかないのです。しかしそれは「介護された人」の「感謝の気持ち」・「評価」の低さも示しています。

　生活の一部として行われる「家族介護」の場合、「介護される人」の笑顔・満足感、「介護する人」と「介護される人」の「絆」の深まりが「報酬」となります。それが「家族介護」の継続の

力になります。しかし「仕事介護」の場合、「仕事」を終えた後の生活があります。生活を維持・継続していくためには、金銭的「報酬」が必要不可欠です。それがなければ、金銭的な「報酬」を得るために、別な仕事を見つけるしかありません。

「仕事介護」も「家族介護」も、「報酬」があることによって継続し、それによって「介護」のレベルも高くなります。ただ「報酬」は「介護」の目的ではなく結果にすぎません。金銭的な「報酬」は「介護」の報酬の一部であり、「介護」において最も大切なのは、「介護の心」としての「愛情」です。しかし「介護」に関する研究・調査の中で、「愛情」ということに関心が向けられていません。「仕事介護」では、それが「無償の労働」として使われてきたことへの批判・抵抗があり、「介護」の専門性を強調しているためと思われます。

「家族介護」の研究・調査では、「愛情」を占める大きさに注目しながら、それがゆがんだ形で現れることに関心が向けられ、「愛情」を研究対象として考察するまでに至っていません。「感情」を研究対象とする分野ですら、「愛情」を正面から取り上げる研究はありません。「愛情」は「介護」の過程において自然生じる「感情」と認識されていても、「感情のコントロール＝感情管理」の対象とされ、「専門性」や「スキル」とは相反する事象とされているようです。

介護職の募集においても、「介護」という「仕事」の特徴・魅力として「愛情」が語られることは少ないようです。しかし「介護」と「愛情」という「感情」の関係は切っても切れない密接なものです。若い人の多くは「恋愛」の中で「愛情」について真剣に考え、悩み、興味を抱いています。「介護」という「仕事」に魅力を感じている若者の多くは、無意識であっても「介

護」の中に「愛」を感じ、それに惹かれていると思います。「困っている人」を「助けたい」と思う心と、好きになった人を「愛する」ことは同じだからです。

「愛する」とは、相手の立場に立って考え、相手の役に立つ・相手を幸せにするために、自分に何ができるかを真剣に考え行動することです。それは「介護」という「仕事」とよく似ています。「愛する心」が「介護の心」となり、「愛する技術」が「介護の技術」となります。そして「愛しあう関係」が、「介護する人」と「介護される人」が「愛情」を媒介とした「信頼関係」を構築することです。

「介護」とは相手を「思いやり」、相手を「幸せにする」ことです。「介護」の仕事をすれば、「愛する能力」が身に付き、相手は「幸せになれる」はずです。そうなれば、それが「介護職」の究極のイメージアップとなります。しかし、そのような話を聞くことはあまりありません。「介護」という仕事が過酷すぎて、「愛する能力」を身につけるどころではないのが実態です。つまり「身を削る」のが「介護」の仕事であり、そこで何が「身につく」のか、何を「身につける」のかが忘れられているのです。

これでは「介護」を仕事にしようとする人は出てきません。「介護」を仕事として続けようという気持ちもなくなります。「身を削る介護」ではなく、「身につく介護」を目指すべきであり、それが「介護される人」の幸せにもつながるはずです。それは「仕事介護」だけでなく、「家族介護」にも当てはまります。「介護」で「身を削れば」、家族の「絆」も弱くなり、断たれてしまうからです。

中高年の人たちに「介護」の魅力を伝えるためには、「介護

で介護予防を！」という呼びかけが効果的です。現状では、「介護」の不安や恐れを助長することで「介護予防」の活動への参加を呼びかけているのが多数です。しかし「介護する」ことは、「介護される人」に必要とされることであり、それによって自分は「必要とされる人間である」ことが確認できて、自己肯定感につながります。また「介護する」ために、身体を動かし頭を使うことで「認知症の予防」となり、さらに社会との接触・参加も促されます。

　「介護」が「介護予防」とならなければ、それは「悪い介護」となっている可能性が高くなります。「よい介護」とは「介護者」の「介護予防」に貢献するものであり、「よい介護」をするために「介護者」は「介護予防」として取り組むべきです。また「家族介護」の場合、それまでの「介護する人」と「介護される人」の関係が「介護」に投影されます。そこから「介護」が始まるのです。

　私は、高齢者の集まりで「男の介護は償いの介護」「女の介護は仕返しの介護」と言います。それは私が見聞きしたことからの言葉ですが、多くの男性は胸を突かれるようです。将来、自分が配偶者を「介護する・介護される」ことを考えれば、それまでの夫婦関係をどうすればよいかを考えてしまうからです。夫婦・家族の関係がよければ「よい介護」に入っていけますが、関係が悪ければ「悪い介護」になる可能性が高くなります。「家族介護」あるいは近隣住民による「生活支援」は「積み上げ型対応」になるからです。

　「介護」とは、「介護する人」が一方通行で行うものではありません。「介護」すれば、必ず「介護される人」の反応があります。ただ心身の障害によって自分の意思・感情が的確に伝え

られないだけです。それをつかみ取るのも「介護」となりますが、「介護される人」も、事前に「介護のされ方」を身につけておくことも大切です。それは、自分が「介護する」ことによって身につけることができます。

　自分が「介護」すれば、「介護する人」の「つらさ」や「苦しさ」もわかります。どうすれば「介護する人」の負担を軽くできるのかもわかってきます。また感謝されることで、「介護」の負担も軽く感じられることを体験すると、「介護」されたとき、自然に感謝の言葉も出てきます。「介護する」ことは、同時に「介護される」ことの準備になるのです。それによって「介護する人」と「介護される人」の「信頼関係」も容易に構築されます。

　「介護」を「介護する人」の責任だけに押し付けては駄目です。「愛される」ことだけを追い求めていた若者は、「介護される」ことだけを求める高齢者になります。「介護される人」になっても、「介護する人」の気持ちを考えることもありません。相手の痛みを自らの痛みとして感じる「共感能力」が著しく低下しているからです。「介護する人」に要求するだけであり、自分が稼いだお金を自分だけの「よい介護」に注ぎ込むことだけを考えています。

　団塊の世代は、「自己の欲望充足の排他的追求」が社会的に是認されていた時代に人間形成をした世代です。「愛される」ことを「権利」として要求し、「愛する」ことをしようとしない世代です。「困っている人」を見かければ、それを国家の責任として批判するだけで、「助ける」ための行動には至らない世代です。今、世界を席巻している「自国第一主義」も、「自分たちだけを愛する国家」を求めるという点で、自己中心主義が生み出したものです。そこには「困っている人」を「助ける」

という意識はありません。

　「高齢期」になると、自分の思うようにならないことが増えてきます。今までの高齢者は我慢してきましたが、これからは苛立ち、キレます。そのような高齢者が、これから増えてきます。高齢者であれば大切にされ「愛される」という時代は、過去のものです。「愛される」ことだけを求めてきた人は、社会から見捨てられ、廃棄物のように扱われてしまいます。「高齢者受難の時代」が到来しようとしています。

　これからの高齢者は「哀れみや同情」によって親切にされることより、自らの力で社会に貢献し、信頼と尊敬を勝ち取る努力をすべきです。そのためには「愛される」ことより、「愛する」努力をすべきです。それが「高齢期」を幸せにする唯一の方法です。私は、高齢者の集まりで、次のような「高齢者自立宣言」を読み上げることにしています。これは、高齢者自身が自分に「言い聞かせる」ものであり、主体的に「高齢期」を「生き抜く」宣言となっています。高齢者の「自己責任」「自助努力」の表明でもあり、「介護準備」にもつながるものです。新しい「介護文化」とは、この宣言が高齢者の生き方と心に入ることによって実現すると思います。

◎参考資料

高齢者自立宣言～老いの価値の復活をめざして～

(1) 私たち高齢者は、「高齢期」を仕事や育児などの責任から解放された「人生最高のとき」と考えており、「高齢期」を「衰えて死に向かうだけの期間」・高齢者を「憐れみや同情の対象」とすることを拒否します。

(2) 私たち高齢者の多くは「元気に自立した暮らし」をしており、次の世代の負担を軽くするためにも、最後まで「元気に明るく生き抜き」、家族や社会に「役立つ」ことに努めます。

(3) 私たち高齢者の「今」は、若い人たちの「未来」の姿です。
私たちが「不幸」になれば、若い人たちの「未来」が暗くなります。
若い人たちの「明るい未来」のためにも、私たち高齢者は「楽しく幸せに暮らす」ことを誓います。

「介護」のイメージアップのためのキャッチコピー(私案)若者篇

介護職とは？　人を愛することが、仕事です！

愛する心がなければ、介護はできない！　愛がなければ、介護とは言えない！

愛する人を介護する喜び！　愛する人に介護される幸せ！
そのお手伝いをするのが、介護という仕事です。
介護の仕事が、その喜び・幸せを奪うことになることは許されません！

愛する心を持ち、愛する技術を磨き、愛し合う関係をつくること！
それが介護という「仕事」です！

こんな介護なら、してみたい！　されてみたい！
そんな思いを抱かせるのが、介護のプロです。

恋に傷つき、愛を求めているあなたへ、
介護というお仕事があります！

「介護」のイメージアップのためのキャッチコピー(私案)中高年篇

介護で、介護予防! 介護することが、最も効果的な介護予防になります。
男の介護は「償い(つぐない)の介護」、女の介護は「仕返しの介護」と言われています!
そこのお父さん、あなたは大丈夫ですか。

昔は「抑える介護」、今は「与える介護」、これからは「引き出す介護」となります。
「願うことを叶える、できなかったことができるようになる、夢と誇りを持つ」、それをお手伝いするのが「引き出す介護」です。

介護とは、不自由な生活を余儀なくしている人を助けることですが、
それによって介護する人は、自分に自信が持てるようになります。
生きる意欲が生まれ、生き抜く力が身につくことで、健康長寿につながります。
介護とは、お金を払ってでもやる価値があるのです。

介護とは、「身を削る」ものではなく、生きる力と技が「身につく」ものでなければなりません。
「身を削る介護」から「身につく介護」に変えていきましょう!

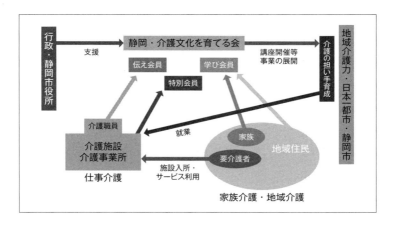

あとがき

　私が「介護」や「福祉」について本格的に調べ始めたのは、10年前、大学を退職することになり、民生委員への就任を頼まれてからです。地域で様々な活動はしていましたが、民生委員はやったことがなかったので、良い体験になると引き受けました。以降、現在まで民生委員としての活動を続けていますが、妻と妻の母の二人を介護している間は、「介護」や「福祉」について調べ考える余裕はまったくありませんでした。

　妻と妻の母が二人とも特別養護老人ホームに入所し、自分ひとりが自宅に取り残されて、自分の自由な時間が一挙に増えました。その時、自分がすでに高齢者となっていることに気付き、これからの人生について考えるようになりました。そこで高齢者について、どのような研究がなされているかに興味を持って調べ始めました。そこで自分が今まで抱いていた高齢者のイメージが、まったくの時代遅れとなっていることがわかりました。

　私は夢中になって、高齢者についての最近の研究成果を読み漁りました。それを、私の「介護」体験、地域での活動と照らしあわせることで、気付いたことを地域の人たち、特に高齢者や福祉関係者に伝えることを始めました。そしてそれが、今までの自分の研究・教育の実践と繋がっていることに気付かされました。自分のやってきたことが間違っていなかったことを確信しました。

　現代日本の高齢者の平均的姿は、70歳を超えると健康曲線が緩やかに低下し、「自立度低下期」に入ります。私も元気で自立した生活ができるのは、後数年かも知れない。そう思うと、

自分がやってきたこと、考えてきたことを書き残したいという願望が出てきました。自分の意思を、誰かに引き継いでもらいたいと願うようになりました。本として出版することは考えていなかったのですが、「遺言」として書き残そうと書き始めました。

たまたま「第二回 全国介護福祉総合フェスティバル in 横浜」（主催：一般社団法人日本介護福祉経営人材教育協会）での「基調講演」を依頼していただき、与えられたテーマに即して自分の考えを文章にしてみました。それを出版することは、私の想定外でしたが、多くの人への問題提起ができることを大変ありがたく思っています。「遺言」のつもりで書いたものが、「挑戦状」のようなものになってしまったと思いますが、それも自分らしいとも思います。

「全国介護福祉総合フェスティバル」の基調講演を依頼していただき、さらに私のつたない文章を書籍にする機会を与えてくださった日本医療企画の教育・出版事業本部本部長の松村藤樹さんに感謝します。そして、この本を特別養護老人ホームで療養している妻の小櫻瑞穂にささげたいと思います。人間としての私の半分は、妻の瑞穂によってつくられました。妻の半分は、私がつくったと思っています。50年以上の妻との生活があったから、この本ができたと感謝しています。

遠方で暮らしている二人の娘にも感謝しています。幼い頃に母親が病に倒れ、娘たちにはいろいろな苦労をかけてきました。それぞれが自分の家族を持ち、子育てにいそしんでいますが、やがて「介護」の問題に直面すると思います。その時、父親が何を考え、どう行動していたのかを知ってほしいと思っています。最後に天国に旅立った妻の母・近藤百合子にも感謝します。

母子家庭の中で苦労して妻を育て上げ、母と子の関係は私には理解できないほど深いものであったと思います。今でも、妻の心の中で母は生きています。

2017年7月

小櫻 義明

●著者紹介

小櫻 義明
こざくら・よしあき

略歴
1945年　広島県で生まれる。
1974年　京都大学大学院経済学研究科博士課程　単位取得退学
同年　　静岡大学人文学部経済学科　専任講師
1977年　　　同　　　　　　　　　　助教授
1988年　　　同　　　　　　　　　　教授
2007年　静岡大学人文学部経済学科　退職

専門分野　経済学　地域政策論

　アカデミズム（専門分野）に背を向けて、静岡県を中心とした地域の政策・地域づくりの調査研究に没頭。静岡市の山村に移住し、地域づくりの実践を行うと同時に、その理論化を目指して現在に至る。

　38年前に障害者となり、10年前から「寝たきり・認知症」となった妻の介護のために、大学を早期退職し、妻と高齢になった妻の母の二人を介護する生活を送る。

　同時に、居住地の限界集落で全世帯の参加で「縁側お茶カフェ」を開催し、「買い物ツアー」や「出前福祉朝市」、「懐メロ・映画サロン」「健康長寿の生き方講座」等のボランティア活動も実践中。この間、民生委員・児童委員を10年間務めており、地元の大川地区社会福祉推進協議会では「地域包括ケアシステム」の構築に取り組んでいる。

　並行して高齢者問題や福祉・介護の研究も始め、その成果を地域住民、特に高齢者や民生委員を対象に、講演や講座という形で還元している。

現在
静岡大学 名誉教授
静岡市北藁科北地区 民生委員・児童委員
静岡市大川地区社会福祉協議会 理事
静岡県未来づくりネットワーク 代表幹事
静岡市政策・施策外部評価委員会 委員長
その他、静岡県及び県内各地の自治体の各種委員も務める。

- ●表紙・本文デザイン
  高田康稔（株式会社ensoku）
- ●本文DTP
  株式会社明昌堂

JMP選書 2

介護恋愛論
―― 愛する心を持ち、愛する技術を磨く

2017年8月15日　初版第1刷発行

著　者	小櫻義明
発行者	林　諄
発行所	株式会社日本医療企画
	〒101-0033　東京都千代田区神田岩本町4-14
	神田平成ビル
	TEL 03-3256-2861（代表）
印刷所	図書印刷株式会社

ⓒYoshiaki Kozakura 2017, Printed and Bound in Japan
ISBN978-4-86439-597-7　C3036（定価は表紙に表示してあります）